写给设计师的书

TO DESIGNER

C=20 M=0 Y=10 K=0
C=80 M=100 Y=50 K=30
C=5 M=35 Y=90 K=0
C=38 M=60 Y=33 K=0
C=0 M=0 Y=0 K=15

企业形象 CI

设计手册

刘丽 编著

U0360672

清华大学出版社

北京

内 容 简 介

本书是一本全面介绍企业形象 CI 设计的图书，特点是知识易懂、案例易学、动手实践、发散思维。

全书从学习企业形象 CI 设计的基础知识入手，循序渐进地为读者呈现一个个精彩实用的知识和技巧。本书共分为 6 章，内容分别为企业形象 CI 设计的基本原理、企业形象 CI 的组成部分、企业形象 CI 设计的基础色、VI 设计的应用系统、企业形象 CI 设计的行业应用、企业形象 CI 设计的秘籍。本书还在多个章节中安排了设计理念、色彩点评、设计技巧、配色方案、佳作赏析等经典模块，在丰富本书内容的同时，也增强了实用性。

本书内容丰富、案例精彩、版式设计新颖，不仅适合企业形象 CI 设计师、平面设计师、品牌策划师、初级读者学习使用，而且还可以作为大中专院校企业形象 CI 设计、平面设计专业及企业形象 CI 设计培训机构的教材，也非常适合喜爱企业形象 CI 设计的读者朋友作为参考。

图书在版编目 (CIP) 数据

企业形象 CI 设计手册 / 刘丽编著 . —北京：清华大学出版社，2020.7
（写给设计师的书）
ISBN 978-7-302-55581-0

Ⅰ . ①企… 　 Ⅱ . ①刘… 　 Ⅲ . ①企业形象－设计－手册 　 Ⅳ . ① F272-05

中国版本图书馆 CIP 数据核字 (2020) 第 089941 号

责任编辑：韩宜波
封面设计：杨玉兰
责任校对：王明明
责任印制：宋　林

出版发行：清华大学出版社
　　　　网　　　址：http://www.tup.com.cn, http://www.wqbook.com
　　　　地　　　址：北京清华大学学研大厦 A 座　　　　邮　　编：100084
　　　　社 总 机：010-62770175　　　　邮　　购：010-62786544
　　　　投稿与读者服务：010-62776969, c-service@tup.tsinghua.edu.cn
　　　　质量反馈：010-62772015, zhiliang@tup.tsinghua.edu.cn
印 装 者：涿州汇美亿浓印刷有限公司
经　　销：全国新华书店
开　　本：190mm×260mm　　　印　张：11　　　字　数：265 千字
版　　次：2020 年 7 月第 1 版　　　印　次：2020 年 7 月第 1 次印刷
定　　价：69.80 元

产品编号：085143-01

前言 FOREWORD

　　本书是笔者对多年从事企业形象 CI 设计工作的一个总结，是让读者少走弯路寻找设计捷径的经典手册。书中包含了企业形象 CI 设计必学的基础知识及经典技巧。身处设计行业，你一定要知道，光说不练假把式，本书不仅有理论和精彩案例赏析，还有大量的模块启发你的大脑，提高你的设计能力。

　　希望读者看完本书后，不会只说"我看完了，挺好的，作品好看，分析也挺好的"，这不是编写本书的目的。希望读者会说 " 本书给我更多的是思路的启发，让我的思维更开阔，学会了设计的举一反三，知识通过吸收消化变成自己的 "，这才是笔者编写本书的初衷。

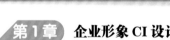

本书共分 6 章，具体安排如下。

第 1 章 企业形象 CI 设计的基本原理，包括 CI 的概念、CI 与 VI 的区别、CI 对于品牌的意义、CI 中的 MI（理念识别）、BI（行为识别）、VI（视觉识别）、CI 设计的原则。

第 2 章 企业形象 CI 的组成部分，包括 MI（理念识别）、BI（行为识别）、VI（视觉识别）。

第 3 章 企业形象 CI 设计的基础色，从红、橙、黄、绿、青、蓝、紫、黑、白、灰 10 种颜色，逐一分析讲解每种色彩在企业形象 CI 设计中的应用规律。

第 4 章 VI 设计的应用系统，主要介绍 10 种类型的应用系统。

第 5 章 企业形象 CI 设计的行业应用，主要介绍 12 种常用行业的应用。

第 6 章 企业形象 CI 设计的秘籍，精选 13 个设计秘籍，让读者轻松愉快地学习完最后的部分。本章也是对前面章节知识点的巩固和理解，需要读者动脑去思考。

本书特色如下。

◎ 轻鉴赏，重实践。鉴赏类书只能看，看完自己还是设计不好，本书则不同，增加了多个色彩点评、配色方案模块，让读者边看边学边思考。

◎ 章节合理，易吸收。第 1~3 章主要讲解企业形象 CI 设计的基本知识，第 4~5 章介绍 VI 设计的应用系统、CI 的行业应用，最后一章以轻松的方式介绍 13 个设计秘籍。

◎ 设计师编写，写给设计师看。针对性强，而且知道读者的需求。

◎ 模块超丰富。设计理念、色彩点评、设计技巧、配色方案、佳作赏析在本书都能找到，一次性满足读者的求知欲。

◎ 本书是系列图书中的一本。在本系列图书中读者不仅能系统学习企业形象 CI 设计，而且还有更多的设计专业供读者选择。

希望本书通过对知识的归纳总结、趣味的模块讲解，打开读者的思路，避免一味地照搬书本内容，推动读者必须自行多做尝试、多理解，增加动脑、动手的能力。希望通过本书，激发读者的学习兴趣，开启设计的大门，帮助你迈出第一步，圆你一个设计师的梦！

本书由刘丽编著，其他参与编写的人员还有董辅川、王萍、孙晓军、杨宗香。

由于编者水平有限，书中难免存在疏漏和不妥之处，敬请广大读者批评和指正。

编　者

目录

第3章 CHAPTER3
企业形象 CI 设计的基础色

第4章 CHAPTER4
P/76
VI 设计的应用系统

第5章 CHAPTER5
P/115
企业形象 CI 设计 的行业应用

第6章
P. 152 CHAPTER6

**企业形象CI设计
的秘籍**

第1章　企业形象 CI 设计的原理

　　从古至今，人们对于形象都极为重视，而将形象用于市场使之变成企业的影响力，则是现代经济社会发展的必然趋势。

　　在现如今竞争如此激烈的市场，企业塑造自己的整体形象变得尤为重要。一方面，企业形象好与不好，事关企业的生死存亡。企业只有依靠自己坚持不懈的努力，才能塑造并树立良好的企业形象。另一方面，企业形象的好坏，是由社会大众决定的。如果一个企业自认为很好，但是却没有外界受众的支持，同样不会有长远的发展。

1.1 什么是 CI

1.1.1 CI 的内涵

CI 即企业形象识别系统，是 Corporate Identity System 的缩写。是企业大规模化经营而引发的企业对内对外管理行为的体现。主要刻画企业个性，突出企业精神，塑造与众不同的企业形象，同时最重要也是缺一不可的就是赢得受众的信任。

CI 由三大部分构成：理念识别（MI）、行为识别（BI）、视觉识别（VI）。这三个部分相辅相成、相互促进，对于企业形象的建立与发展至关重要，缺一不可。

1.1.2 CI 的特征

CI 具有以下 3 个方面的特征。

第一，主体性。一个企业要明确自己的定位，这样既可以很好地把握经营主动权，在激烈的市场竞争中找准自己的位置；也可以给企业员工指明明确的努力方向，调动全体员工的积极性与创造性，从而使企业立于不败之地。

第二，整体性。在企业发展过程中，要把企业的理念识别、行为识别、视觉识别三个要素作为一个有机整体全面发展。

第三，持续性。一个企业的壮大，离不开长时间的奋斗。同时也要具备持续创新以及吸纳人才的能力。只有不断地更新换代，才能得到长足的发展。

1.1.3 CI 的功能

CI 的建立对一个企业发展与壮大的作用是不可估量的，具体主要表现在以下几个方面。

第一，能够提升企业的形象与知名度，增强企业的竞争力。

第二，有利于激励员工士气，增强企业的凝聚力。

第三，有利于企业或品牌获得广大消费者的认可与支持。

1.2 CI 与 VI 的区别

1.2.1 VI 是 CI 的一个重要组成部分

CI 设计系统以企业定位和企业经营理念为核心，具有强烈的统一性、系统性、组织性，包括理念识别、行为识别、视觉识别三个方面内容。

VI 即视觉识别系统，又称为 VIS，是英文 Visual Identity System 的缩写。是指将与企业相关的所有事物进行统一规范的设计。通过 VI，将无形的企业形象，以可视化的方式传播给社会公众。

1.2.2 CI 要通过 VI 来具体展现

VI 是 CI 的一个重要组成部分。如果没有 VI，那么企业形象、企业文化以及企业理念等，不仅没有存在的价值，同时受众也不会对其有任何的了解。

比如一个餐饮企业，要将其具有的绿色、健康、天然等文化经营理念凸显出来，就可以在设计中多使用绿色、橙色等色彩，或者将蔬菜局部作为某个设计的背景等来凸显企业的经营理念。

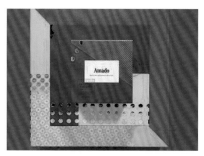

1.3 CI 对于品牌的意义

1.3.1 构建企业独特的竞争优势

　　每一个企业都有属于自己的优势，就算在同一个行业也是这样。所以在进行企业建设时，一定要构建企业独一无二的优势，为企业的长足发展奠定基础。这个优势不是说得多大多强，哪怕是把一颗小小的纽扣做到极致，做到别人无法取代的地位，这也是一种很强大的优势。

1.3.2 构建强大的内部凝聚力

　　一个企业的发展壮大，离不开全体员工的努力。众人拾柴火焰高，只有将所有员工凝聚到一起，企业才能不断地发展壮大。如果在企业中每个员工都各人自扫门前雪，别人的事一概事不关己高高挂起，那么这个企业距离没落也就不远了。

1.3.3 提高受众对品牌的信赖感与忠诚度

客户资源是企业赖以生存和发展的基础，一个良好的企业形象，不仅可以让企业在竞争激烈的环境中有立足之地，同时也能够得到受众的信赖。

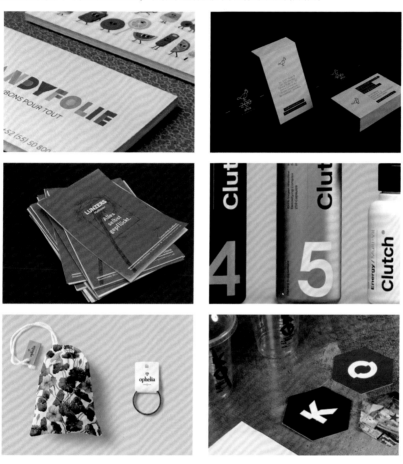

1.4 CI 中的 MI（理念识别）、BI（行为识别）、VI（视觉识别）

1.4.1 MI、BI、VI 的简单概述

理念识别，是英文 Mind Identity System 的缩写，简称 MI 或 MIS。是一个企业文化、理念、方针等抽象的东西，是虚无缥缈的。

行为识别，是英文 Behaviour Identity System 的缩写，简称 BI 或 BIS。是企业

内部的行为规范以及准则，也就是将理念识别中的东西落到实处。

视觉识别，是英文 Visual Identity System 的缩写，简称 VI 或 VIS。就是将企业的一切事物，通过规范化的方式设计出来。让受众通过这些设计作品来加深对企业的了解。

1.4.2　MI、BI、VI 的关系

一个完善的 CI 系统包括 MI（理念识别）、BI（行为识别）、VI（视觉识别）三个部分。MI 是企业识别系统的核心。它是企业发展的灵魂，是所有目标以及任务实施的源头。

BI 是 CI 的动态识别形式，在理念的指导之下，进行相应的员工培训、对外活动以及涉外公关等。

VI 是企业的视觉识别系统，这个系统可以将统一设计的物品直接展现在受众眼前，在无形之中进入人脑，使其留下对企业的整体视觉印象。

1.4.3　MI、BI、VI 对 CI 的作用

MI、BI、VI 三个要素共同构成一个完整的 CI 识别系统，对整个 CI 具有重要作用。

MI 是 CI 的灵魂，它处于最高决策层，是系统运行的原动力。

BI 可以将企业的经营理念、文化思想等虚无缥缈的存在落实到实处。

VI 可以提高消费者对企业的认知程度与信任度。

1.5 CI 设计的原则

CI 设计的好坏，不仅影响企业文化、理念等的传播，同时也影响受众对信息的理解程度，甚至会动摇整个企业的根基。所以在进行 CI 设计时，要遵循一定的规律与原则。

首先要从企业的实际情况出发，根据企业发展的具体情况，量体裁衣。其次要与时代发展潮流相适应，这样才能满足受众的需求并得到其信任。然后要将企业的突出优势着重凸显出来。

除此之外，还要遵循相应的原则。比如，实用性原则、商用性原则、趣味性原则、艺术性原则等。每个时代都有一定的规范与喜好，但总体设计思想与理念是不会变的。只要从根本出发，立足基础，就不会产生偏移。

1.5.1 实用性原则

在设计 CI 时，实用性具有相当重要的地位。因为消费者在选择购买商品时，除了看重商品本身的外观、价值之外，最注重的还是实用性，特别是一些家电、工具类等产品。比如说一个电饭煲，即使具有非常吸引人的外观，但是没有很强的实用性，消费者也是不会买单的。

设计理念：这是鱼产品加工品牌 Milarex 视觉形象设计的延伸产品手提袋展示效果。该产品以结实的布料为原材料，而且整个内置空间足够大，可以帮助消费者减轻双手的重量。具有很强的实用性。

色彩点评：整体以深蓝色和浅橘色为主色调。既与企业品牌的经营性质相吻合，又给人以海洋般的深邃感。简单大方的颜色搭配，即使平时逛街使用，也不会觉得有不妥之处。

🌀 放置在手提袋中间部位的标志文字和图案，十分醒目，让人一目了然。可以在受众的使用过程中，对品牌进行宣传。

🌀 右侧手提袋底部的简单线条装饰，极大地丰富了整体的细节效果。

RGB=57,69,106 CMYK=90,81,43,7
RGB=198,187,164 CMYK=25,27,36,0
RGB=168,139,97 CMYK=37,46,67,0

这是 BAU 高尔夫俱乐部企业形象设计的笔记本展示效果。以笔记本作为品牌传播的载体，既有很好的实用性，同时又创意十足。整体以深绿色为主色调，凸显出高尔夫场地绿色草坪的清新与舒畅。而且整个笔记本封面除了标志图案之外没有其他多余的装饰，十分引人注目。

这是 Workshop Built 品牌 VI 设计的杯子展示效果。将品牌形象以受众每天都要使用的杯子为载体呈现出来，具有很强的实用功能，在无形之中对品牌进行了有效的宣传与推广。同时蓝色系的杯身，给人以冷静、理智的视觉感受。简单的深色品牌文字，使杯子获得了很好的装饰效果。

■ RGB=42,65,35 CMYK=89,62,100,45
■ RGB=63,86,145 CMYK=87,71,27,0

■ RGB=137,156,162 CMYK=56,32,33,0
■ RGB=0,15,16 CMYK=93,87,86,77

设计理念：这是 Phil'z 咖啡店品牌形象重塑的咖啡杯展示效果。整体颜色搭配给人一种优雅、精致的视觉体验。特别是右侧咖啡杯腰封上方各种小图案的装饰，让单调的杯子瞬间活跃起来。既可以在喝咖啡时给消费者营造一种愉悦的食用氛围，同时也可以将其作为笔筒，甚至当作

摆设。一杯多用，具有很强的实用性。

色彩点评：以橙色和深红色为主色调，在冷暖色调的对比中尽显企业独特的文化经营理念。而且腰封浅色调的点缀，可让受众的视觉疲劳得到一定程度的缓解。

🔘 放在杯子中间部位的抽象人物简笔画，简单线条勾勒的帽子和眼镜，既打破了杯身的单调与乏味，同时又极具创意。

🔘 整个杯子设计中规中矩，采用基本的方式。但却在规范中凸显创意与个性，别具一种另类的时尚美感，很容易给人留下深刻印象。

RGB=231,199,56 CMYK=10,25,88,0
RGB=56,28,14 CMYK=65,88,100,61
RGB=228,222,198 CMYK=12,13,25,0

这是韩国在线烹饪服务 Public Kitchen 品牌设计的碗展示效果。每只碗都采用同色系的渐变色，在颜色的过渡中，既给消费者在选择时提供一定的视觉缓冲，同时也凸显企业贴心的服务态度，以及时尚与精致并存的文化理念。在矩形边框内的浅色标志，具有很好的视觉聚拢效果。

RGB=200,184,98 CMYK=26,27,71,0
RGB=207,204,197 CMYK=22,18,21,0
RGB=255,255,255 CMYK=0,0,0,0
RGB=137,50,58 CMYK=44,94,80,9

这是 Hotel Motel 高端运动鞋品牌 VI 形象设计的鞋袋展示效果。这个鞋袋既可以手提，又可以肩挎，提供了两种不同的携带方式。而且内部空间足够大，在去需要换鞋的地方非常方便，具有很强的实用性。而且，浅橘色的包身，凸显时尚大气。凹陷形式的标志文字，丰富了整体的细节感。

RGB=208,195,178 CMYK=20,24,29,0
RGB=255,255,255 CMYK=0,0,0,0

1.5.2 商用性原则

作为企业来讲，几乎所有的设计都要具有商业性。因为只有产品具有一定的商业属性，企业才能够获得利润。所以在对企业形象 CI 进行设计时，要从商业的角度出发。但是过度的商业化，不仅不会给企业带来巨大的经济效益，反而会适得其反。

设计理念：这是 Eremo Santa Barbara 乡村农舍品牌形象设计的必备物品摆放展示效果。整个摆设有信纸、名片、水杯、蜡烛等物品，看似随意的摆放却给人以视觉美感。既凸显了设计的商业化，同时也给顾客提供了遇到问题时的解决方案。

色彩点评：整体以青色和橘色为主色调。青色的信封和名片，给人以干净、纯洁的视觉感受。而具有柔和效果的橘色调，则营造出一种家的温馨的体验氛围。

🔘 无论是什么物品，都应将企业品牌标志设计在中间位置，让人一眼就能看到。只有如此，方可对品牌起到积极的宣传与推广作用。

🔘 半球形外观的蜡烛，独特的造型，极具美感，同时也给顾客提供了应急措施。

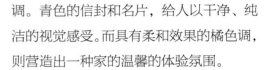

RGB=91,128,145 CMYK=76,43,39,0
RGB=197,163,136 CMYK=22,41,45,0
RGB=180,164,116 CMYK=33,36,60,0

这是 Rouge Patisserie 烘焙店品牌形象设计的宣传广告。画面以实物产品的展示效果作为主图，可以让消费者对产品一目了然，增加其对企业的信赖感。将经过特殊设计的品牌文字首字母放在画面中间位置，而其外围的环形小文字，具有很好的聚拢效果，同时丰富了整体的设计细节。

■ RGB=75,62,55 CMYK=68,73,76,38
□ RGB=255,255,255 CMYK=0,0,0,0

这是 Sofia 楼盘视觉形象设计的宣传画册展示效果。封面采用较硬的材质，凸显出企业稳重、成熟的文化理念和经营管理模式。类似皇冠的金色渐变标志图案，给人以奢华、高贵的视觉感受和浓浓的商业气息。下方的文字既起到解释说明的作用，同时也丰富了整个封面。

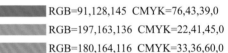

■ RGB=48,48,53 CMYK=82,78,69,48
■ RGB=202,170,112 CMYK=21,37,61,0

设计理念：这是 SK Advocacia 律师事务所品牌形象设计的名片展示效果。将字母 S 和 K 经过特殊设计作为标志图案，创意十足，非常符合商业发展的需要。大小不一的文字，既有很好的说明性，同时也让受众在阅读时视力疲劳得到缓解。

色彩点评：名片背面以深色和橘色为主色调凸显事务所的严谨与沉稳。而正面的白色底色，将个人介绍的说明性文字清楚地凸显出来，体现出公开公正的企业文化理念。

⚙ 横竖工整的标志图案，特别是外围描边矩形的添加，将受众的注意力全部集中于此，对品牌具有很好的宣传与推广效果。

👤 简单的图案设计采用不同的颜色，既让受众在视觉上得到一定的缓解，同时也将该事务所灵活变通的经营性质表现出来。

RGB=59,55,54 CMYK=76,84,0,0
RGB=192,176,64 CMYK=30,30,88,0
RGB=90,125,144 CMYK=76,45,38,0
RGB=183,183,181 CMYK=32,25,25,0

这是韩国在线烹饪服务 Public Kitchen 品牌设计的罐装产品展示效果。采用透明的玻璃材质作为包装盒，既可以将内部产品清晰明了地展现在消费者眼前，同时还能获得其对企业品牌的信任与好感。浅色的标志文字放在瓶身上方，对品牌具有很好的宣传效果。

RGB=195,187,184 CMYK=26,26,24,0
RGB=219,215,200 CMYK=16,15,22,0
RGB=255,255,255 CMYK=0,0,0,0
RGB=165,133,59 CMYK=39,51,90,0

这是澳大利亚宠物机构 Petbarn 品牌新形象的宣传展示效果。将黑色的品牌标志放在左上角位置，整齐划一。而其他随意摆放的白色文字，让整个画面具有很强的动感。特别是以文字为支撑点的悬挂的小猫，既很好地表明了企业的经营性质，同时又突出其趣味性。

RGB=219,178,53 CMYK=13,35,89,0
RGB=27,26,77 CMYK=7,7,81,0

1.5.3 趣味性原则

社会的迅速发展，不仅让人们的生活节奏不断加快，各种压力更是随之而来。特别是在工作了一天之后，更不愿意再有任何的脑力活动。所以一些比较简单同时又具有趣味性的东西，特别容易受到人们的欢迎。因此，在进行企业形象 CI 设计时，要尽可能站在广大受众的角度考虑，让产品除具有本身的功能与性质之外，还要有一定的趣味性。

设计理念：这是 Eder 酒店品牌形象设计的宣传页展示效果。将创意十足的简单绘画作为主图放在宣传页中间位置，给人以很好的视觉缓冲体验。最上方的黑色粗体标志，对品牌有很好的宣传作用。

色彩点评：整个宣传页以白色为主色调，凸显酒店的干净与整洁。而中间位置的多彩绘画，为简单的版面增添了亮丽的动感。

🌸 左侧从靴子中长出绿草与鲜花的绘画，给人以很强的趣味性，让人产生一种回归田园的身临其境之感。而且充满生命的绿色调，让人瞬间活力满满。

⛄ 右侧滑雪的人物，既说明了该酒店冬天可以滑雪的经营性质，同时也让整个画面极具动感，给人一种现在就要释放自己的冲动。

RGB=131,113,99 CMYK=54,58,60,2
RGB=93,140,59 CMYK=77,32,100,0
RGB=113,135,163 CMYK=66,43,27,0

这是 Cime 健身中心品牌 VI 设计的卫生间标识效果。整个设计使用简单的线条勾勒出女性与男性的外观形象，具有很强的趣味性与创意性。亮眼的青色的运用，给人以十分醒目的视觉感受，同时对浅色的墙面也起到一定的装饰作用。而顶部的白色文字则起到进一步的解释与说明作用。

RGB=105,186,193 CMYK=72,4,31,0
RGB=255,255,255 CMYK=0,0,0,0

这是 Aloha 健康美食餐厅品牌形象设计的名片展示效果。在品牌文字中的字母 O 上方添加两片象征绿色与健康的叶子作为装饰，既让整个标志充满趣味性，同时也与餐厅的文化经营理念相吻合。而且外围同色系描边的运用，将受众的注意力集中于此，对品牌具有很好的宣传效果。

RGB=139,118,91 CMYK=50,56,68,2
RGB=255,255,255 CMYK=0,0,0,0

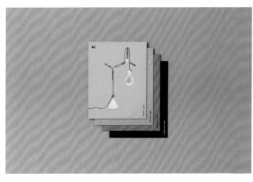

设计理念：这是 Ki 灯具品牌视觉设计的宣传画册展示效果。以独特造型的拼接式灯具支架作为主图，给人以很强的趣味性。而且支架上悬挂的灯具，直接表明了品牌的经营性质与种类，给消费者在选择时提供了便利。

色彩点评：宣传画册均以明纯度较高的颜色为主色调，鲜艳的颜色具有强大的吸睛效果。而少量黑色文字的点缀，为画面增添了一丝沉稳之感。

🔘 经过特殊设计的黑色标志文字，在画面左上角十分突出。为单调的画面增添了细节感，同时对品牌的宣传与推广起到积极的促进作用。

🔘 整个版式设计以产品展示为主要目的，让消费者对该品牌产品有一个直观的认识与了解。

RGB=112,197,229 CMYK=68,0,15,0
RGB=235,170,74 CMYK=0,43,76,0
RGB=220,82,94 CMYK=0,81,51,0
RGB=42,35,44 CMYK=82,86,70,56

这是儿童餐饮服务品牌 M-penta 视觉形象设计的网页展示。整个页面以一条简笔画的鱼作为主图，具有很强的趣味性，同时也与品牌的经营性质相吻合。而鱼图案上方的主体文字，对该品牌产品起到了很好的解释与说明作用。网页最上方的标志文字，对品牌具有积极的宣传效果。最下方的翻页符号，则起到提示翻页的作用。

这是 X-coffee 新式咖啡厅品牌形象设计的门店招牌效果。由四个咖啡豆组成的标志图案，既表明了品牌的经营性质，同时也是品牌文字中的 X，具有创意感的同时又有很强的趣味性。而且图案下方经过特殊设计的亮黄色文字，十分引人注目，将信息直接传达给受众。

RGB=224,155,161 CMYK=3,51,25,0
RGB=223,211,187 CMYK=13,18,28,0
RGB=81,19,127 CMYK=80,100,21,0

RGB=125,113,86 CMYK=56,56,71,5
RGB=237,234,53 CMYK=15,3,89,0
RGB=45,30,13 CMYK=72,82,98,65

1.5.4 艺术性原则

随着人们生活水平的不断提高，消费者在购物时除了关注产品本身具有的功能与特性之外，外观形态、颜色搭配、是否具有艺术性美感等也是其考虑的重点。在众多的商品中，具有独特艺术美感的产品才会更加吸引消费者的目光。所以在对企业形象进行设计时，要遵循一定的艺术性原则，让整体设计呈现出美感。

设计理念：这是 Gastropolis 餐厅品牌形象和包装设计的展示效果。整个包装盒以简单的圆环和矩形条为主要装饰物件，凸显餐厅追求精致与艺术美感的文化经营理念。而且将产品直接展现出来，给消费者以直观的视觉印象，可以增加其对品牌的信任与好感。

色彩点评：整体以经典的黑色和白色为主色调。在白色的底色中，看似简单随意的黑色几何图形，却给人营造出一种优雅而不失时尚的视觉体验氛围。

🔘 盒盖中间部位文字周围的适当留白，既让文字很清楚地凸显出来，同时也给消费者在阅读时提供了相对宽松的信息传达环境。

🔘 将单一的矩形或圆环，在经过适当地放大处理之后作为主图，配以简单的文字装饰，使整体呈现出极具艺术性的美感。

	RGB=255,255,255 CMYK=0,0,0,0
	RGB=44,44,44 CMYK=81,77,75,55

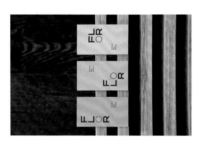

这是 FLOR 品牌视觉设计的名片展示效果。将经过特殊设计的品牌文字作为整个名片背面的主要展示对象，而且在其他说明性文字的陪衬与装饰之下，让本来单调的背景瞬间充满活力。主次分明的文字以不同的方式摆放，给人在视觉上营造出一种极具艺术性的简单美感。

RGB=233,205,48 CMYK=11,22,90,0
RGB=199,206,205 CMYK=27,18,15,0
RGB=218,219,211 CMYK=17,12,17,0
RGB=66,72,73 CMYK=79,68,66,28

这是 Garden 精品花店品牌形象设计的吊牌展示效果。画面将经过特殊设计的标志文字摆放在吊牌中间位置，干净的设计具有很强的美感。而多个形状相同但不同摆放角度的渐变花朵图案，凸显出该花店的精致与优雅。

RGB=158,141,154 CMYK=42,47,30,0
RGB=222,192,181 CMYK=11,30,25,0

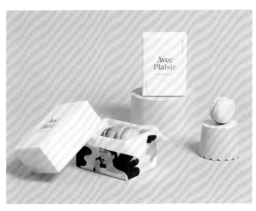

色彩点评： 整体以浅色为主色调，白色的盒盖一方面将标志衬托得更加精致，同时也为消费者营造出一种干净、纯洁的视觉体验氛围。

🌀包装盒以女性吃食物的简笔画为主图，直接明了地表明了企业的经营性质与主要客户群体。同时也让整体设计细节效果更加丰富。

🌀在包装盒内部对一层包装白纸的使用，既对产品起到一定的保护作用，同时也表现出企业贴心的服务态度。

设计理念： 这是女性化的 Avec Plaisir 甜品店品牌形象设计的包装盒展示效果。小巧的包装盒，既表现出随身携带的便利性，同时也凸显出女性的优雅与精致。而直观的产品展示，将品牌追求高雅格调的文化经营理念体现得淋漓尽致。

	RGB=255,255,255 CMYK=0,0,0,0
	RGB=176,134,73 CMYK=32,53,80,0
	RGB=239,211,214 CMYK=2,24,10,0
	RGB=85,36,50 CMYK=58,94,72,39

这是 Great Jones 锅具品牌形象设计的各种锅的实物展示效果。将产品作为主图直接展现在消费者眼前，让受众对其有一个非常清晰明了的认识。而且精致的金属材质，给人一种印象，即做饭也可以是一件非常享受的事情。同时凸显品牌注重美的艺术性享受和高雅的文化经营理念。

	RGB=232,233,234 CMYK=11,7,7,0
	RGB=110,119,212 CMYK=67,54,0,0
	RGB=190,151,133 CMYK=25,47,44,0

这是 LOAF 面包店品牌形象设计的网页和实物包装展示效果。整体以白色为主色调，在少量黑色的点缀下，整个画面极具艺术性美感，可以强烈激发消费者的购买欲望。而且将具体产品直接作为展示主图，特别是网页中的面粉，无疑会让消费者对其产生很强的信任感。

	RGB=255,255,255 CMYK=0,0,0,0
	RGB=38,38,38 CMYK=83,78,77,60
	RGB=164,136,119 CMYK=43,49,51,0

企业形象 CI 的组成部分

CI 是将企业的经营理念、精神文化、宣传战略等通过统一的视觉设计将其具体化。如企业标志、企业标准字、企业标准色、企业标准图案等，并以此为中心，建立整个 CI 系统。从而刻画出企业个性，突出企业精神，塑造与众不同的企业形象。

CI 是一个整体，它有三大组成部分：理念识别系统、行为识别系统、视觉识别系统。这三个系统层层递进，缺一不可。

2.1 MI（理念识别）

企业理念识别（Mind Identity）是企业形象 CI 最重要的组成部分。理念识别包括企业的经营观念、精神标语、管理原则、企业特征等要素。

特点：

◆ 具有明显的个性化与统一性。

◆ 从企业的实际情况出发，具有根据性。

◆ 具有强烈的统领性。

◆ 一旦制定，在短期内不会轻易改变。

◆ 是企业价值观的集中体现。

2.1.1 企业经营方针的制定

企业经营方针的制定，对于一个企业的发展至关重要。只有良好的运行秩序，企业才能得到有条不紊的发展。在制定方针时要把握以下几个基本点。

第一，要了解当下具体的市场环境。

第二，要有明确的企业个性。

第三，要具体了解受众对企业的共同期待。

2.1.2 企业理念识别包含的内容

企业理念识别主要包含三方面的内容，即企业使命、经营理念、行为规范。

第一，要有明确的企业使命。有些企业虽然也参加社会公益事业，但总体来说，其主要目的还是获取社会利益。

第二，要树立正确的经营理念。经营理念是企业发展的根本所在，也是其对外宣传的指导思想。

第三，要有正确的行为规范。无规矩不成方圆，只有严格且正确的行为规范，才能促进企业不断发展。

2.1.3 企业理念识别的功能与作用

第一，企业理念是企业发展的指导思想。

第二，企业理念对员工具有积极的激励作用。

第三，企业理念能够让企业较为稳定地发展。

第四，企业理念能够最大限度地增强企业凝聚力。

2.2 BI（行为识别）

企业行为识别，英文表述为 Behavior Identity，简称为 BI。它可以将企业的各种理念落到实处。比如，制定员工行为规范、操作注意事项、对外宣传条款等，也就是将抽象的理念具体化。

特点：

◆ 具有明显的企业行为特征。

◆ 具有活动的独立性。

◆ 是企业各种动态的具体体现。

◆ 具有严格的协调性。

2.2.1 企业行为识别的界定与形成

企业行为识别的界定是一个较为模糊的概念，其包括大到重要的领导层决策，小至员工的产品操作流程。

换句话说，企业的行为识别就是将企业的经营理念具体化。但是这个形成的过程并非易事，需要企业对行为识别的目标与构成有清晰全面的认识，并在此基础上抓住关键，全力推进。

2.2.2 企业整体活动的行为识别

企业整体活动行为识别系统的具体内容包括两方面：一是企业内部的行为识别系统，二是企业对外的行为识别系统。

企业内部的行为识别系统，第一个是对干部以及员工的教育与培训。第二个是组织建设。第三个是管理实施与生产运作。第四个是产品研发。

企业对外的行为识别系统，第一个是市场调查。第二个是产品销售。第三个是公共关系。第四个是广告宣传与促销互动。第五个是服务工作。

2.2.3 企业行为识别的实施环节

企业行为识别是企业经营理念的直接体现，它不是一句响亮的口号，或者一面鲜亮的旗帜。而是需要将其由高高在上的理念，落实到具体可行的政策上来。

首先，要对员工进行教育与培训。

其次，建立必不可少的行为规范。

最后，应建立一支高素质的科技人才队伍。

2.3 VI（视觉识别）

VI又称为VIS，是英文Visual Identity System的缩写。就是将一切与企业相关的事物，通过统一的规范标准设计出来，通过这些设计作品将企业的经营理念进行间接的传播。

整个视觉识别系统（VI）主要可分为两大部分：一是基础部分，包括企业名称、品牌标志、标准字体、标准色彩、标准图案等；二是应用部分，它主要包括办公用品、企业外部建筑环境、企业内部建筑环境、交通工具、服装服饰、产品包装、广告媒体、公务礼品、印刷品、陈列展示等。

特点：

◆ 具有很强的视觉辨识度。

◆ 可以让受众对企业进行近距离的了解。

◆ 具有领导性、统一性与规范性。

◆ 可以让受众在潜移默化中对企业产生深刻印象。

◆ 紧跟社会潮流，具有很强的时代性。

标志是企业的象征符号，是将企业所传达的形象信息高度概括和凝练的一个具有象征性的符号，它是产品或企业个性化和信誉的象征，是引导顾客购买商品的信号。同时品牌标志能够促使消费者对产品或者服务产生偏爱，因为风格独特的标志能够刺激消费者的视觉，从而对该品牌产品或服务留下良好的印象。

设计理念：这是 Dany Eufrasio 美发沙龙品牌形象设计的标志。画面以抽象的女性头部简笔画作为标志图案，让人一看就知道企业的经营性质。而正在剪头发的底图，则起到进一步解释说明的作用。

色彩点评：以橘色和白色为主色调，凸显出品牌给人的精致感与时尚感，让人印象深刻。

① 橘色的标志图案，在深色背景的衬托下十分醒目。右侧的白色品牌文字，具有很强的视觉刺激感，让人过目不忘。

② 标志文字下方的橘色直线，既与标志图案相呼应，同时又丰富了整个标志的细节效果。

RGB=219,181,97 CMYK=13,34,69,0
RGB=255,255,255 CMYK=0,0,0,0
RGB=45,45,45 CMYK=81,76,74,54

这是航空供应商 Incentex 品牌视觉设计的标志。蓝色飞机图案，让人一看就知道是航空企业。同时标志图案在底部的白色正圆形的衬托下，十分醒目，而且具有收拢之感，将受众视线全部集中于此。下方的文字，则将品牌完美地呈现出来。

RGB=255,255,255 CMYK=0,0,0,0
RGB=36,58,160 CMYK=99,85,0,0

这是 OLIMP GROUP 集团公司品牌形象设计的标志。画面使用经典的黑白配，凸显出企业稳重成熟的文化理念和干净利落的服务态度。图案以标志文字为原型，以几何图形拼接的方式呈现出来，创意十足，可以给受众留下深刻的视觉印象。

RGB=255,255,255 CMYK=0,0,0,0
RGB=0,0,0 CMYK=93,88,89,80

设计理念：这是 The Jewels Foundry 珠宝品牌形象设计的标志。图案设计以人们非常熟悉的菱形钻石和宝石吊坠为原型，将二者经过具象化之后组合而成。让人一看就知道企业的经营性质。

色彩点评：标志整体以金色为主色调，将珠宝的奢华与高贵很好地凸显出来。而粉色的背景，则给人以女性的柔和与高雅气质。

🔸 标志整体采用渐变的金色，由浅到深的颜色过渡，让人产生一种该企业品牌经过时间沉淀的稳重与浑厚之感。很容易让受众对品牌产生信任感。

🔸 最下方小字的添加，既对标志文字起到进一步解释说明的作用，同时也丰富了标志整体的细节效果。

RGB=248,229,228 CMYK=0,16,7,0
RGB=188,116,80 CMYK=22,65,70,0
RGB=113,69,51 CMYK=52,79,87,22

这是 Cafe Azul 街头咖啡馆品牌形象设计的标志。整个标志设计以文字位置为主，代表企业品牌的文字以大写加粗的形式呈现出来，让人一眼就能注意到。其他说明性文字则相对较小，做到了很好的主次分明。而中间浅蓝色手写文字的添加，让街头咖啡馆随意、任性但却极具个性的形象，一下子在受众的脑海中呈现出来，给人以身临其境之感。

RGB=244,244,244 CMYK=5,4,4,0
RGB=45,66,126 CMYK=96,85,28,1
RGB=88,114,158 CMYK=77,53,23,0

这是精致的 200 Years 咖啡品牌 VI 设计的标志。画面以简单线条绘制的小鸟作为标志图案，极具个性，使人印象深刻。用一条同色的直线贯穿企业品牌文字 200，给简单的数字增添了视觉上的冲击力，非常有利于品牌的宣传与推广。而最下方的文字既表明了该品牌的所在区域，同时也是对标志文字的适当解释与说明。

RGB=229,223,212 CMYK=11,13,17,0
RGB=0,0,0 CMYK=93,88,89,80

设计理念：这是 Mo Bakery & Cafe 面包咖啡厅品牌形象设计的展示效果。画面将企业品牌文字中的 MO 经过特殊处理摆放在中间位置，让人一眼就能注意到。标志周围的产品进一步表明了该品牌的主要经营种类。

色彩点评：整个标志以红色和黑色为主色调，特别是以面包为造型的红色文字，

具有很强的视觉刺激作用，让人过目难忘。而下方的黑色文字，则起到了一定的调和作用。

① 将整个品牌文字一分为二设计成标志，二者的巧妙组合创意十足。而且上方的 MO 采用文字叠放的方法，给人以视觉上的立体感。

② 下方的小文字以一定的弧度呈现，将上方文字完美地包裹起来，同时又有一定的留白空间，给人以统一、完整的视觉体验。

- RGB=255,25,19 CMYK=5,97,100,0
- RGB=234,226,190 CMYK=10,11,30,0
- RGB=0,0,0 CMYK=93,88,89,80
- RGB=240,239,244 CMYK=7,7,2,0

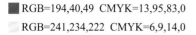

这是为宠物狗服务的Love My Human 品牌形象设计的标志。整个标志设计虽然以文字为主，但却将企业品牌文字上下两行倾斜摆放，凸显出企业的阳光与活力。而文字左下角动物脚掌图案的摆放，既表明了品牌的经营性质，同时也让第二行文字不至于显得过于空荡，给人以充实感。

这是 MoonStone 创意工作室品牌形象设计的标志展示效果。整个标志是一个圆环形状，将创意十足的橘色简笔画兔子图案放在画面中间位置，既凸显出工作室的年轻与活力，同时又极具科技感的工作氛围与文化理念。而将同色系文字以弧形的形式摆放在图案的上下端，具有很好的聚拢视觉作用。

- RGB=194,40,49 CMYK=13,95,83,0
- RGB=241,234,222 CMYK=6,9,14,0

- RGB=199,174,133 CMYK=23,34,50,0
- RGB=33,31,32 CMYK=84,81,78,66

标志的视觉识别设计技巧——直接表达企业的经营性质

在信息日趋丰富的当下，各种品牌充斥在我们的日常生活中。时间久了难免让人产生视觉疲劳与视觉反抗意识，人们很难特意去记忆某个品牌的标志，更不会在看到一个品牌之后去思考它到底是什么性质的。所以在对品牌标志进行设计时，要尽可能简洁明快。同时也要直接表达品牌意图，让受众一看就知道企业的属性特征，在此基础上来表达品牌的独特理念，给受众以正确的品牌联想，从而建立正确的品牌形象。

这是 Postpony 邮差小马快递折扣平台品牌形象设计的标志。该标志图案由地球仪和马的形象组合而成，经过具象化之后作为品牌图案，创意十足。而旁边的文字直接表明企业的经营性质，让人一目了然。蓝色调的底色，既突出了品牌值得信赖的安全感与责任感，同时也让标志十分醒目。

这是 Yellow Kitchen 餐厅品牌形象设计的标志。标志图案巧妙地将主体字母 Y 融入其中，创意十足。下方的 YELLOW 文字，只是普通的英文单词。但是将其中的两个 L 替换成刀和叉的餐具，一下就表明了该品牌的经营性质，而且其独特的造型让人印象深刻。特别是黄色的运用，给人以满满的食欲感。

配色方案

双色配色

三色配色

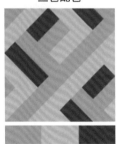

五色配色

佳作欣赏

2.3.2 标准字

品牌标准字可称为专用字体、个性字体等，它是对品牌所涉及的主要文字和数字等进行的统一设计。并且通过个性化的字体来表达品牌内涵，是品牌塑造中的一个重要视觉元素。标准字体在设计时要有强烈的个性与美感，同时也要易于阅读。

设计理念：这是墨西哥 The Food Field 有机食品店 VI 设计的宣传页展示效果。黑色的标准文字在画面中十分醒目，让人一眼就能知道详细信息。简单的文字样式凸显出店铺所追求的自然原始的经营理念。

色彩点评：以白色和黄色为主色调，既将文字很清楚地衬托出来，同时又给人以纯净健康的视觉感受，与有机食品的特性相吻合。

① 无论是大的宣传性文字，还是底部小的品牌标志文字，均使用同一种字体，营造出一种统一和谐的视觉氛围。

② 左边宣传页中的食物配图，将店铺经营产品的样貌真实地展现出来，给消费者直接的视觉感受，同时也增加了其对品牌的信任感。

- RGB=255,255,255 CMYK=0,0,0,0
- RGB=232,208,71 CMYK=12,20,83,0
- RGB=18,26,24 CMYK=93,81,85,72

这是 Fino Grao 咖啡店品牌形象设计的标准字展示效果。虽然圆环左侧内部的标志用字，与右侧的文字不属于同一种字体，但其总体再来说在同一标准字基础之上。这样既突出了标志，同时又与其他文字在整体上风格一致。

- RGB=200,58,41 CMYK=9,90,89,0
- RGB=255,255,255 CMYK=0,0,0,0
- RGB=29,29,29 CMYK=85,81,80,68
- RGB=183,175,155 CMYK=32,30,38,0

这是 Phil'z 咖啡店品牌形象设计的店面门口宣传板。经过特殊设计的品牌标志文字十分醒目，让人在远处也能清楚地看到，极具辨识度。而其他文字选择使用基本字体作为标准字，这样既与标志字体相区别，同时又能将信息清楚明了地传播。

- RGB=253,249,236 CMYK=1,4,9,0
- RGB=73,42,28 CMYK=60,84,98,50
- RGB=229,194,52 CMYK=11,27,89,0

设计理念：这是 LF Clinic & Academy 女性美容机构品牌形象设计的礼盒展示效果。整个礼盒设计比较简单，将标志摆放在盖子中间位置。将字母 L、F、C、A 经过特殊设计组合成标志图案，创意十足。而下方的标志文字，采用基本字体作为标准字，在简洁中凸显出企业精致简约的女性时尚之美。

色彩点评：整个标志以粉色为主色调，既表明该机构的主要消费对象，同时也给人一种可以永葆青春美丽的视觉体验效果。

🌸 礼盒选择黑色为主体色，将机构沉稳大气的文化氛围和经营理念淋漓尽致地凸显出来。

🌸 简单的标准字体，让消费者可以马上接收到传达的信息，给人直接明显的视觉感受。同时也体现了该美容机构追求简洁精致的文化经营理念。

RGB=48,48,48 CMYK=80,76,73,51
RGB=197,159,166 CMYK=21,44,25,0
RGB=157,157,157 CMYK=44,35,33,0

这是墨西哥 MAMVA 餐厅 VI 形象设计的店面菜单墙展示效果。菜单墙面的文字以基本字体为主，标题文字则选择较大的字号，可以起到引导指示的作用。而其他文字为统一的字体、字号和颜色。虽然整个设计无论文字还是用色都比较简单，但却给人清晰明了的视觉体验。这样可以让消费者在进入餐厅就可以很清楚地看到食品种类，不仅给消费者在阅读选择的时候提供便利，同时也体现了企业简约、精致的经营理念。

RGB=26,23,24 CMYK=85,84,82,72
RGB=255,255,255 CMYK=0,0,0,0
RGB=115,82,61 CMYK=54,71,81,18

这是 Elderbrook 饮料品牌和包装设计的网页展示效果。整个网页以产品作为主图，同时在其旁边配以少量的文字进行解释说明。右上角和左下角的文字为同一种字体，让整个页面凸显统一与协调。

RGB=210,55,50 CMYK=3,90,80,0
RGB=110,191,165 CMYK=71,0,47,0
RGB=255,255,255 CMYK=0,0,0,0
RGB=109,186,216 CMYK=85,15,13,0
RGB=163,71,81 CMYK=34,85,63,0

设计理念：这是 empatia 设计工作室 VI 形象设计的各种物品展示效果。无论是什么物品，在左下角部位都统一放置由标准字体组成的文字。既给人以整齐有序的视觉体验，同时也凸显出工作室严格、简约的管理理念。

色彩点评：整套设计以黑白为主色调，无论是黑底白字，还是白底黑字，都将标准字清楚地显示出来。让受众可以清晰明了地接收到信息。

🎨 固定的标准字体和摆放位置，潜移默化中在受众脑海中留下印象，只要一看到该版式与字体，就会马上想到持有该品牌的工作室。

🎨 名片红色底色的运用，为整体增添了亮丽颜色的动感，让人眼前一亮。同时也体现了该工作室在成熟之中的活力感。

RGB=255,255,255 CMYK=0,0,0,0
RGB=6,6,6 CMYK=93,88,89,80
RGB=219,65,16 CMYK=0,87,95,0

这是 delicieux 巧克力品牌形象设计的网页展示效果。在整个网页最上方的标志文字，十分醒目，让人一目了然。而且下方的标题性文字使用与标志文字相同的字体，这样既与标志相呼应，给人以统一协调之感，同时又与其他说明性文字进行了有效的区分，整个版面主次分明。

■ RGB=0,0,0 CMYK=93,88,89,80
■ RGB=165,134,56 CMYK=39,50,92,0
□ RGB=255,255,255 CMYK=0,0,0,0
■ RGB=106,100,92 CMYK=64,60,62,9
■ RGB=32,56,183 CMYK=95,81,0,0

这是 Alexandra Belova 服装店 VI 形象设计的名片展示效果。在名片背面将经过特殊设计的标志文字直接放在其中间位置，十分醒目。而同色描边矩形框的添加，具有很强的视觉收拢效果。在名片正面其他标准字体的运用，既可以将标志文字凸显出来，同时也让整个画面不会显得过于单调。

■ RGB=32,32,32 CMYK=84,80,79,66
■ RGB=217,199,110 CMYK=18,22,66,0

标准字的视觉识别设计技巧——体现协调一致性

标准字是企业名称或产品名称的表现符号，具有很强的辨识度与可读性。在一个企业的一整套设计中，企业标准字以及品牌标准字、广告字体甚至其他用品上的字体可以有所区别，但其内在精神实质必须建立在同一基础之上。这样不仅能够保证企业整体的协调与统一，甚至形成企业自己独具特色的品牌标识，同时也会给受众营造一个完整、一致的视觉体验氛围。就像我们每次看到"可口可乐"这四个字，脑海中就会立马浮现相应的产品。

这是 Albus bakeries 面包店品牌形象设计的包装盒效果。无论包装盒的大小与形状，相应的红色标签总是以相同的字体、相同的标志来呈现。这样不仅可以给受众统一的视觉体验效果，同时也凸显出企业严格规范的管理理念。

这是 Violette 巧克力品牌形象设计的实物包装展示效果。两种不同口味的巧克力，除了包装纸整体颜色的不同之外，标准字以及标志摆放的位置都相同。统一标准的设计，很容易在消费者脑海中留下固定印象，在潜移默化中对品牌的宣传与推广产生积极作用。

配色方案

双色配色

三色配色

五色配色

佳作欣赏

2.3.3 标准色

品牌的标准色彩是用来象征品牌的。透过色彩对知觉刺激所产生的心理反应，可表现出品牌理念的特质，同时体现品牌的属性和情感。标准色在视觉识别符号中具有强烈的视觉识别反应，它能突出品牌与竞争对手的差别，并创造出与众不同的色彩。

设计理念：这是马来西亚 Nippy Gelato 冰淇淋店品牌形象设计的包装盒立体展示效果。简单的上宽下窄圆盒设计，既能够尽可能多放食物，又给受众手拿提供了便利。

色彩点评：整个包装盒以蓝色为主色调，它是收缩的内在颜色，给人以透明、清澈的视觉体验。刚好与冰淇淋店的经营性质相吻合，给炎炎夏日带来凉爽。而上下底部的白色边缘，则让整个包装充满了亮丽的动感。

🔴 上下底部白色边缘的点缀，让整个包装瞬间亮丽鲜活起来，具有很强的视觉节奏感。

🔵 白色的标志，在没有其他任何装饰的包装盒中间位置，十分醒目，让人一眼就能看到。

- RGB=60,102,236 CMYK=84,59,0,0
- RGB=255,255,255 CMYK=0,0,0,0
- RGB=161,106,81 CMYK=37,67,70,1

这是 Vanilla Milano 冰淇淋店品牌形象设计的门店招牌展示效果。整个招牌以圆形花瓣为形状，中间一个白色冰淇淋图案，表明了店铺的经营性质，同时给人以纯净、凉爽的感受。红色的品牌标志首字母，特别引人注目，带给人强烈的视觉刺激，对品牌具有很强的宣传作用。

- RGB=218,220,226 CMYK=17,12,8,0
- RGB=255,255,255 CMYK=0,0,0,0
- RGB=162,13,37 CMYK=33,100,100,1
- RGB=64,44,20 CMYK=66,79,100,54

这是 sbucal 牙科诊所形象设计的宣传画册封面展示效果。将标志图案的一半作为封面主图，在白色底色的衬托下，十分醒目。而青色到蓝色的渐变过渡，给人以干净稳重的视觉感受。同时也凸显出诊所注重健康、沉稳理智的文化理念。

- RGB=96,167,170 CMYK=75,16,38,0
- RGB=74,125,178 CMYK=82,45,16,0
- RGB=255,255,255 CMYK=0,0,0,0
- RGB= 24,23,39 CMYK=93,94,69,61

设计理念： 这是希腊 Meraki 油和醋品牌形象设计的手提袋和产品包装展示效果。整个设计简单大方，除了必需的标志与文字之外没有其他多余装饰，凸显出企业简约精致的文化理念。

色彩点评： 整体以蓝色为主色调，在白底色的衬托下，显得格外醒目。给人以纯净、优雅但却不失时尚的视觉体验。

🔵 手提袋的手提绳和标志文字颜色相一致，给人以视觉上的统一协调感。即使是在平时自己使用，蓝白相间的配色效果，也会显得相当有格调。

🔵 右侧的产品包装蓝色调的运用，让产品档次瞬间得到提升，而且也增添了一丝色彩的动感与活力，使人印象深刻。

RGB=255,255,255 CMYK=0,0,0,0
RGB=39,78,208 CMYK=97,69,0,0
RGB=107,99,35 CMYK=63,58,100,16

这是 Mo Bakery & Cafe 面包咖啡厅品牌形象设计的茶壶和茶叶包展示效果。在白色的茶壶中间位置，经过特殊设计的红色标志十分醒目，给人以强烈的视觉刺激。而底部的深色文字虽然不是很抢眼，但却也是必不可少的，对品牌起到直接的解释说明作用。右侧茶叶包上方的红色简笔画图案，简洁明了地说明了使用方法，让人印象深刻。

RGB=202,35,35 CMYK=7,95,92,0
RGB=255,255,255 CMYK=0,0,0,0
RGB=70,76,75 CMYK=78,66,66,26

这是澳大利亚宠物机构 Petbarn 品牌新形象的折页宣传展示效果。整个折页以橙色为主色调，凸显出该机构温馨、活泼、热闹的文化氛围。白色的说明性文字在折页主页面看似随意的摆放，却给人动物积极好动、精神饱满的视觉感受。特别是悬挂在文字上方的黑色小猫，既给画面增添了一丝稳重感，同时也表明该机构的经营性质，而动物的可爱形象使人印象深刻。

RGB=220,176,55 CMYK=12,36,88,0
RGB=255,255,255 CMYK=0,0,0,0
RGB=31,31,33 CMYK=85,81,78,65

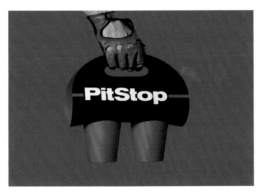

主色调，红色的咖啡杯和黑色外包装二者相结合，给人带来很强的视觉刺激，同时也凸显出该餐厅充满年轻与活力的文化氛围。

红色是一种刺激性很强的颜色，如果单纯用该颜色，会让人产生视觉疲劳。而适当黑色的使用，既中和了红色的刺激感，同时也体现出企业成熟与稳重的一面。

白色的标志文字在黑色包装背景的衬托下十分醒目，让人一眼就能注意到。而且也提高了整个设计的亮度。

设计理念：这是 PitStop 快餐连锁店品牌形象重塑的外送咖啡包装展示效果。将咖啡直接放置在外包装的中间镂空部位，既起到固定的作用，又给手提提供了便利。

色彩点评：整个包装以红色和黑色为

- RGB=210,45,54 CMYK=2,93,77,0
- RGB=255,255,255 CMYK=0,0,0,0
- RGB=43,44,49 CMYK=84,79,70,52

这是 La Boteria 海鲜餐厅品牌形象设计的休息区沙发抱枕展示效果。整体以蓝色为主色调，与该餐厅的主题相吻合。白色的标志和图案，既对品牌进行了宣传与推广，同时也给蓝色的抱枕增添了一抹亮丽的色彩。同时海豚标志图案尾部红色的点缀，让整个抱枕瞬间充满动感，让人眼前一亮。

- RGB=92,126,203 CMYK=73,48,0,0
- RGB=255,255,255 CMYK=0,0,0,0
- RGB=173,87,96 CMYK=29,78,53,0

这是 Beat School 音乐发行公司品牌形象设计的纪念徽章展示效果。整体以青色和黑色为主色调，将该公司年轻、充满活力，但又不失稳重地将文化氛围淋漓尽致地凸显出来。无论是青色的底色还是黑色的底色，特殊设计的标志文字图案都十分醒目，让人一看到就能立刻联想到该公司，对品牌具有很好的宣传与推广作用。

- RGB=148,233,215 CMYK=56,0,30,0
- RGB=255,255,255 CMYK=0,0,0,0
- RGB=72,72,72 CMYK=75,69,66,28

标准色的视觉识别设计技巧——增强视觉辨识度

色彩是视觉元素中对视觉刺激最敏感、反应最快的视觉信息符号。而人在感知信息时，色彩要优于形态。比如说可口可乐的红色，百事可乐的蓝色与红色，无不给人以强烈的视觉印象，使人过目不忘。所以企业在标准色的选取上，一定要增强视觉的辨识度，只有这样才能让自己的品牌在众多的品牌中脱颖而出，给受众留下深刻印象。

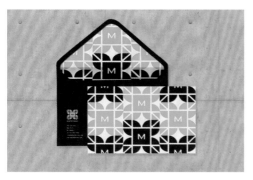

这是 Matchaki 绿茶抹茶品牌形象设计的信封与信纸展示效果。整个设计将不同绿色调的标志图案作为主图，铺满整个展示画面。既给人以很强的视觉辨识度，同时也凸显出企业的经营性质与注重环保、追求干净健康的经营理念。

这是 Simplelift 租赁与维修服务品牌 VI 设计的画册展示效果。整体以明纯度都较高的蓝色和黄色为主色调，给人以很强的视觉刺激。而且这两种颜色都可以给人营造一种安全、温馨的视觉氛围，与品牌的经营业务与范围匹配。

配色方案

双色配色

三色配色

五色配色

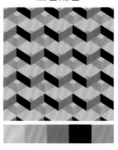

佳作欣赏

2.3.4　图案

　　品牌图案的设计目的就是为了对企业产品进行宣传，因此在内涵上要体现品牌理念，起到衬托和强化品牌形象的作用。即通过品牌图案的丰富造型，对企业形象进行相应的补充与说明，使其更完整、更易识别、更具表现力。

　　设计理念： 这是 Greybe Fine Olive Products 橄榄制品食品品牌形象设计的名片背面图案展示效果。画面以橄榄树为原型，将其具象化后，再通过简笔画的形式呈现出来。而且树干为双手捧托样式，凸显出企业用心制作的文化氛围。

　　色彩点评： 整体以象征希望、健康与纯净的绿色调为主，给人以很强的信赖感，同时也体现了企业以食品安全为中心的经营理念。

　　① 图案底部橘色正圆的运用，既让图案十分清楚地显示出来，同时也给整个名片增添了一抹亮丽的动感。

　　② 名片周围橄榄树叶的点缀，不仅丰富了名片设计的细节效果，而且也让企业品牌的性质得到进一步凸显。

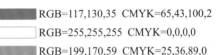

RGB=117,130,35　CMYK=65,43,100,2
RGB=255,255,255　CMYK=0,0,0,0
RGB=199,170,59　CMYK=25,36,89,0

　　这是 La Boteria 海鲜餐厅品牌形象设计的标志图案立体展示效果。画面将品牌标志图案制作为小型的收纳盒，让受众在使用的过程中逐渐加深对品牌的印象，创意十足。而且收纳盒侧面的标志文字，对品牌的宣传与推广有积极的推动作用。

■ RGB=141,123,96　CMYK=50,53,65,1
■ RGB=56,46,42　CMYK=73,77,78,53

　　这是 inka coffee 咖啡品牌视觉形象设计的标志图案。画面将咖啡豆设计成女性人物头部造型，通过不同颜色的过渡将该人物形象立体化，创意十足。而且女性给人以柔和、精致的印象，借此突出企业产品口感的与众不同与高雅、有格调的经营理念。

■ RGB=0,0,0　CMYK=93,88,89,80
■ RGB=94,83,80　CMYK=66,67,65,18
■ RGB=110,104,88　CMYK=63,58,67,8

色彩点评：整体以橙色和黑色为主色调。橙色容易让人对食物的营养、香甜产生联想，能够强烈刺激人的食欲。而黑色则起到稳定画面的作用，同时也体现了企业运营的成熟与稳重。

设计理念：这是 Chef Oteri 餐厅品牌设计的标志图案。该图案以文字为主，品牌文字以手写字体呈现出来，凸显出企业充满年轻与活力的文化氛围。而且将字母 i 上方的一点替换成厨师帽形状，具有创意感的同时凸显出品牌的经营理念。

❶ 标志文字图案下方交叉摆放的两个勺子，既丰富了画面的细节效果，同时也进一步表明了企业的经营性质，让人一目了然。

❷ 其他说明性文字呈圆形环绕在标志文字周围，具有很强的聚拢感，而且也让主体效果更加突出。

RGB=229,191,73 CMYK=9,30,81,0
RGB=32,29,30 CMYK=83,82,79,67

这是 Malik bros 服装定制品牌 VI 设计标志图案在各种物品上的展示效果。该图案以无限延长的金色线条环绕而成，看似随意的环绕，却呈现出不一样的美感，让单调的物品瞬间丰富起来。具有很强的创意感与趣味性，让人印象深刻。金色的运用既让图案十分醒目，而且也凸显出该服装定制品牌的高端与精致。

■ RGB=57,71,48 CMYK=81,62,91,39
■ RGB=167,95,86 CMYK=33,74,63,0
□ RGB=255,255,255 CMYK=0,0,0,0
■ RGB=187,173,138 CMYK=30,32,48,0

这是 Ilia Kalimulin 女性弦乐四重奏形象设计的标志图案展示效果。整个标志以乐器为外形，将女性元素巧妙地融入其中。这样一方面表明了企业品牌的经营性质与范围，另一方面借助女性形象凸显出企业追求高雅、精致的文化理念。图案少量白色的点缀，将女性形象更加具体化的同时也提高了图案的亮度。

■ RGB=120,34,48 CMYK=47,100,86,19
□ RGB=255,255,255 CMYK=0,0,0,0
■ RGB=10,6,9 CMYK=91,88,87,79

设计理念：这是 Fino Grao 咖啡店品牌形象设计的标志图案。以咖啡树叶和果实图案为背景，将品牌性质很明显地凸显出来。而且将标志文字设计在黑白相间的圆环中间位置，给人以视觉上的柔和感。

色彩点评：整个标志图案以黑、白色调为主色调，体现了企业简约精致的文化氛围和浓浓的复古情调。背景红色文字的添加，打破了单调的画面颜色，增添了一丝动感。

🔘 图案底部咖啡树叶和果实的简笔画装饰，将沉闷的圆环显得活泼起来。并且黑白色的协调运用，给人以视觉上的过渡感。

🔘 重心式的图案设计，让受众的所有视线都集中一点。

	RGB=255,255,255 CMYK=0,0,0,0
	RGB=30,30,30 CMYK=85,81,80,67
	RGB=200,57,40 CMYK=27,90,93,0
	RGB=184,179,151 CMYK=33,28,42,0

这是 Crave Burger 汉堡快餐品牌 VI 形象设计的标志图案。整个图案以橙色圆形为基础，将简笔绘制的汉堡放在正圆中间，让人一看就知道企业的经营性质。而将品牌文字首字母经过设计放在汉堡图案下方位置，创意十足地将二者融为一体。而且将品牌文字以一定的弧度围绕在汉堡图案周围，给人以强烈的视觉收拢之感。

■ RGB=227,163,39 CMYK=4,45,92,0
■ RGB=35,35,38 CMYK=85,81,75,61

这是日本 Patisserie Kei 糕点品牌视觉形象设计的名片展示效果。名片背面为标志图案，用简单的线条勾勒出卡通厨师的形象，趣味性知足。而一片绿色树叶的装饰，既让图案更加完整，在白色的背景中添加了一抹亮色，同时也凸显出品牌注重原材料的原始与食品安全的经营理念。而且将糕点作为名片正面主图，直接表明了企业的经营性质，让人一目了然。

■ RGB=55,98,64 CMYK=90,51,93,17
□ RGB=255,255,255 CMYK=0,0,0,0
■ RGB=21,14,2 CMYK=86,86,89,77
■ RGB=202,199,195 CMYK=24,20,21,0

图案的视觉识别设计技巧——以企业主旨为基础

企业品牌象征图案，就是为了突出企业性质，完善企业形象。所以在设计时要以企业主旨为基础，从企业的经营性质、文化理念等具体角度出发。同时也要注意与主体强弱变化的律动感和主次关系，并根据不同媒体的需求制作相应的规划组合，以保证品牌识别的统一性和规范性，强化整个系统的视觉冲击力，并产生视觉的引导效果。

这是 Albus bakeries 面包店品牌形象设计的标志图案展示效果。该图案以品牌文字首字母为基础，但将该字母的一横替换为麦穗，创意十足。这样既表明了该品牌的主要经营范围，也让原本生硬呆板的字母充满了活力与动感。而图案四周的文字则起到解释说明的作用，同时也丰富了图案的细节效果。

这是 Casa Silvestre 浪漫花店品牌形象设计的图案展示效果。该图案以线条勾勒的花朵形状作为主图，虽然简单但却营造出一种精致与高雅的视觉氛围，同时也表明该品牌以花为主的经营性质。外围同色正圆的装饰，将受众视线全部集中于此，具有很好的聚拢之感。

配色方案

双色配色

三色配色

五色配色

佳作欣赏

第**3**章 企业形象 CI 设计的基础色

企业形象 CI 系统由理念识别、行为识别和视觉识别三方面构成。理念识别是根本，行为识别以理念识别为基本出发点，而视觉识别是以其他两个识别为基础，将企业理念、文化特质、服务内容、企业规范等抽象概念，通过直观的视觉效果传达出来。让人一看就能知道企业的性质，塑造出独特的企业形象。

色彩在 VI 设计中占有重要地位，每个企业都有自己特定的标准色。这个标准色一旦形成就要长期使用，让人一看到这个颜色就立马想到该企业。就像已经深入人心的可口可乐红白两色。

企业形象 CI 设计的基础色可分为红、橙、黄、绿、青、蓝、紫加上黑、白、灰。各种色彩都有属于自己的特点，给人的感觉也不尽相同。由于企业文化、主题思想、发展方向等的不同，整体 VI 设计呈现的效果也千差万别。有的让人觉得企业充满温馨浪漫之感；有的给人以安全健康的视觉体验；还有的则给人营造一种积极向上的氛围。

◆ 色彩有冷暖之分，冷色给人以理智、安全、稳重的感觉；而暖色则给人以温馨、活力、阳光的体验。

◆ 黑、白、灰是天生的调和色，可以让品牌形象设计更具稳定性。

◆ 色相、明度、纯度被称为色彩的三大属性。

3.1 红

3.1.1 认识红色

红色：璀璨夺目，热情奔放，是一种很容易引起人们关注的颜色。在色相、明度、纯度等不同的情况下，对于企业要传播出的信息与表达的意义也会发生相应的变化。

色彩情感：祥和、吉庆、张扬、热烈、热闹、热情、奔放、激情、豪情、浮躁、危害、惊骇、警惕、间歇。

洋红 RGB=207,0,112 CMYK=24,98,29,0	胭脂红 RGB=215,0,64 CMYK=19,100,69,0	玫瑰红 RGB=30,28,100 CMYK=11,94,40,0	朱红 RGB=233,71,41 CMYK=9,85,86,0
鲜红 RGB=216,0,15 CMYK=19,100,100,0	山茶红 RGB=220,91,111 CMYK=17,77,43,0	浅玫瑰红 RGB=238,134,154 CMYK=8,60,24,0	火鹤红 RGB=245,178,178 CMYK=4,41,22,0
鲑红 RGB=242,155,135 CMYK=5,51,41,0	壳黄红 RGB=248,198,181 CMYK=3,31,26,0	浅粉红 RGB=252,229,223 CMYK=1,15,11,0	博朗底酒红 RGB=102,25,45 CMYK=56,98,75,37
威尼斯红 RGB=200,8,21 CMYK=28,100,100,0	宝石红 RGB=200,8,82 CMYK=28,100,54,0	灰玫红 RGB=194,115,127 CMYK=30,65,39,0	优品紫红 RGB=225,152,192 CMYK=14,51,5,0

3.1.2 洋红 & 胭脂红

❶ 这是一个甜品店的包装礼盒设计，画面在年轻、时尚理念的基础上，选用洋红色为标准色。

❷ 最下面的礼盒以黑白条纹为主色，加以少量洋红色做点缀，既打破了黑白色调的沉闷感，又将主体色体现出来，为整个礼盒瞬间增添了时尚的动感气息。

❸ 其他礼盒则在一侧添加一小块白色，让人眼前一亮，衬托出洋红色的鲜明与活力。

❶ 这是一个街头时尚品牌的名片设计。该名片以少一角的造型极其引人注目，同时也凸显出该企业的独特与个性。

❷ 胭脂红的标准色，再配以经过特殊设计的标志文字，让整个名片极具时尚气息。

❸ 胭脂红与正红色相比，纯度稍低。但却给人一种典雅、优美的视觉效果。

3.1.3 玫瑰红 & 朱红

❶ 这是企业 VI 设计中的雨伞和画册。十字组合的标志图案，加以玫瑰红与青色的标准配色，将企业科技与时尚结合的行为理念凸显得淋漓尽致。

❷ 在雨伞上方印上企业的标志图案，在使用过程中，让企业标志得到了很好的传播。

❸ 作为企业对外宣传的画册，在造型独特的封面中间位置摆放标志图案，极其醒目。

❶ 这是一种工业涂料与油漆品牌的油漆桶包装设计。

❷ 整体以白色为主色，给人一种安全干净的视觉体验，同时也凸显出企业绿色环保的经营理念。

❸ 在油漆桶上方以企业标准色的朱红做底色，让白色的标志十分引人注目。

❹ 朱红色介于红色和橙色之间，但朱红色明度较高，给人以较为亮眼的感受。

3.1.4　鲜红 & 山茶红

❶ 这是企业标准字的设计规范展示效果。

❷ 在鲜红色背景的衬托下，白色字体极其醒目，引人注目。让人可以清楚地了解到呈现出的内容。

❸ 鲜红色是颜色较为鲜艳的色彩。采用该种颜色作为主体色，尽显企业的年轻与活力，对品牌具有很好的宣传与推广作用。

❶ 这是一个咖啡杯设计。杯身以深红色为主色，在山茶色杯套的装饰下，呈现出一种立体时尚感。

❷ 杯套上虽没有任何多余的装饰，却将标志很好地凸显出来，极具宣传效果。

❸ 山茶色是一种纯度较高，但明度较低的粉色。该种颜色的使用体现出咖啡厅柔和、亲切的经营理念。

3.1.5　浅玫瑰红 & 火鹤红

❶ 这是一个女性时尚品牌的名片设计。

❷ 名片的正反面都以黑色为主色，但在正面添加了浅玫瑰红的描边，让整个名片尽显女性的优雅与魅力。

❸ 在黑色背景颜色的衬托下，浅玫瑰红的文字极其醒目，再加上独特的标志文字设计，让人过目难忘。

❹ 浅玫瑰红是一种优雅的色彩。该种标准色的选择将企业以女性视觉出发的行为识别凸显出来。

❶ 这是一款运动鞋的宣传设计。与正常的视觉识别不同，该企业采用插画的形式来进行宣传，别具一格。

❷ 在草绿色包装盒的衬托下，火鹤红色的鞋子十分显眼，让人眼前一亮。让整个画面极具动感，同时也展现出企业的创新与活力。

❸ 下方的文字起到解释说明的作用，也让画面细节效果更加丰富。

3.1.6　鲑红 & 壳黄红

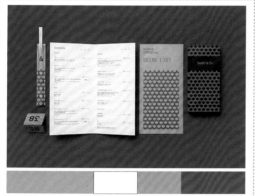

❶ 鲑红是一种纯度较低的红色，带给人一种时尚、沉稳的视觉感。

❷ 这是一个寿司餐厅筷子与菜单的 VI 展示效果。整体以鲑红为底色，再配以深红色作为装饰图案。在颜色一深一浅中尽显餐厅的亮丽与高雅。

❸ 菜单内页为白色，让各种菜品一目了然，为就餐者点餐提供了便利。

❶ 壳黄红与鲑红接近，但壳黄红的明度比鲑红高，给人的感觉会更温和、舒适、柔软一些。

❷ 这是一个护肤品牌的视觉形象包装设计。采用壳黄红作为标准色，同时再点缀少许灰色，让整体展现出成熟优雅的时尚气息。

❸ 深棕色的瓶身，方便的滴管瓶盖，简单大方的设计，尽显企业时尚简约的服务宗旨。

3.1.7　浅粉红 & 博朗底酒红

❶ 浅粉红色的纯度非常低，是一种梦幻的色彩，给人一种温馨、甜美的视觉体验。

❷ 这是一个时尚精品店的品牌名片设计。名片正面以浅粉色为主色调，凸显出精品店的精致与时尚，同时也体现出以年轻人为主要客户群体的行为理念。

❸ 深色的文字在浅粉色背景的衬托下，内容十分清楚。

❶ 博朗底酒红，是浓郁的暗红色，明度较低，容易让人感受到浓郁、丝滑和魅惑。

❷ 这是一个琴行的视觉识别设计海报。海报将小提琴与女性相结合，创意十足。通过女性的独特魅力来体现音乐可以让人变得知性优雅的宣传理念。

❸ 独具特色的黑色手写文字，为画面添加了一丝动感；而白色文字则丰富了细节效果。

3.1.8　威尼斯红 & 宝石红

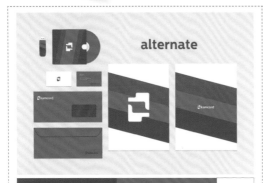

❶ 这是一个企业的一整套 VI 设计。将鲜红色和威尼斯红作为标准色。

❶ 颜色过于明亮的鲜红色的运用，难免让人产生视觉疲劳。而搭配同色系的威尼斯红，就可以起到很好的中和效果。

❷ 白色的标志和文字，在红色的映衬下十分显眼，起到了很好的宣传作用。

❶ 这是一个复古风格比萨店的 VI 设计，以一件衣服的形式来展现。

❷ 宝石红色是明度和纯度都比较高的一种洋红色，给人亮丽、时尚的视觉体验。

❸ 在衣服背面添加白色文字做装饰，既起到了宣传品牌的作用，又丰富了衣服的细节。尤其是衣服领位置的白色条纹，尽显品牌简约、大气、成熟的识别理念。

3.1.9　灰玫红 & 优品紫红

❶ 灰玫红色明度较低，给人一种和谐、典雅的视觉感受。

❷ 这是一个企业的标志立体效果，在深灰色的标志颜色之中，将部分字母颜色设置为灰玫红色，让人眼前一亮。起到了很好的宣传作用。

❸ 在灰色背景墙的衬托下，让标志极其显眼。

❶ 优品紫红是介于红与紫中间的颜色，是一种清亮、前卫的颜色。

❷ 这是欧洲时尚动感音乐频道的包装设计。在深蓝色包装上，将企业标志的首字母进行放大处理，极具动感气息。

❸ 中间白色文字的点缀，既将标志展现出来，起到很好的宣传作用，同时又丰富了封面的细节效果。

3.2 橙

3.2.1 认识橙色

橙色：橙色是暖色系中最和煦的一种颜色，会让人联想到成功时的喜悦，律动的活力。偏暗一点会让人有一种安稳的感觉。

运动产品和一些较为活泼的企业会选择颜色饱和度高一点的橙色；美容机构、护肤产品和一些美食类企业则会选择明纯度中等的橙色；而具有稳重、成熟、复古特点的企业会选择偏暗一些的橙色，如高端男士服饰企业、咖啡厅、复古潮流俱乐部等。

色彩情感：饱满、明快、温暖、祥和、喜悦、活力、动感、安定、朦胧、老旧、抵御。

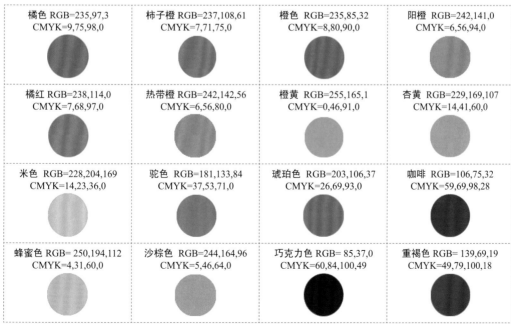

橘色 RGB=235,97,3 CMYK=9,75,98,0	柿子橙 RGB=237,108,61 CMYK=7,71,75,0	橙色 RGB=235,85,32 CMYK=8,80,90,0	阳橙 RGB=242,141,0 CMYK=6,56,94,0
橘红 RGB=238,114,0 CMYK=7,68,97,0	热带橙 RGB=242,142,56 CMYK=6,56,80,0	橙黄 RGB=255,165,1 CMYK=0,46,91,0	杏黄 RGB=229,169,107 CMYK=14,41,60,0
米色 RGB=228,204,169 CMYK=14,23,36,0	驼色 RGB=181,133,84 CMYK=37,53,71,0	琥珀色 RGB=203,106,37 CMYK=26,69,93,0	咖啡 RGB=106,75,32 CMYK=59,69,98,28
蜂蜜色 RGB=250,194,112 CMYK=4,31,60,0	沙棕色 RGB=244,164,96 CMYK=5,46,64,0	巧克力色 RGB=85,37,0 CMYK=60,84,100,49	重褐色 RGB=139,69,19 CMYK=49,79,100,18

3.2.2 橘色 & 柿子橙

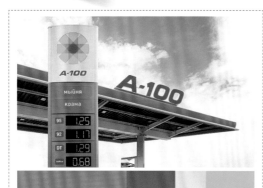

❶ 这是一个加油站的实物立体设计。整体以橘色为主色调，给人一种安全的厚重感。突出了企业以安全为基准的经营理念。

❷ 红色的标志文字，在建筑物最上方，极其醒目。使人在远处就可以看到，起到了很好的宣传作用。

❸ 绿色的标志图案，既打破了整体橘色的沉闷感，也传递出企业注重环保的行为准则。

❶ 这是一个活泼多彩冰激凌店视觉设计中的手提袋展示效果。整体以柿子橙为标准色。该颜色是一种亮度较低的色彩，与橘色相比更温和些，同时又不失醒目感。

❷ 手提袋中心部位的紫色正圆，将标志很好地凸显出来，十分引人注目。

❸ 其他小的装饰图案的搭配，让手提袋的细节效果更加丰富。

3.2.3 橙色 & 阳橙

❶ 橙色的明度和纯度都较高，容易给人积极向上的视觉印象。

❷ 这是一个苹果酒品牌的包装与形象设计。整体以橙色为主色，搭配以少量的白色，极其引人注目。

❸ 在包装正面中心位置以蓝色简笔画的形式将酿酒工坊呈现出来，表明了企业的经营性质。

❹ 将标志直接在简笔画左上角呈现出来，起到了很好的宣传作用。

❶ 阳橙色的色彩饱和度较低，给人以柔和、温暖的感觉。

❷ 这是一个科技公司的 U 盘视觉展示效果。整体以深灰色为主色调，突出了企业严谨稳重的文化氛围。

❸ 标志由不同明纯度的阳橙色设计而成，而 U 盘帽也采用该种颜色，非常引人注目。该种标准色的使用打破了整体的沉闷感，同时也突出了企业的年轻与活力。

3.2.4　橘红 & 热带橙

❶ 橘红色更偏向于红色，给人以强烈的直观视觉冲击。

❷ 这是一个山地自行车的帽子视觉设计。帽子整体以黑色为主色调，在帽子边缘点缀橘红色的标准色，极具活力与动感。

❸ 将标志放在帽子中心位置，极其显眼。抽象的自行车标志，凸显出企业朝气蓬勃、生气十足的文化氛围。

❶ 热带橙的纯度稍低，但明度高，具有积极、热情的色彩特点。

❷ 这是 COMBAI 城市卖场的名片和信纸视觉展示效果。整体以热带橙为标准色，凸显出企业年轻、干劲十足的行为理念。

❸ 名片反面设计有热带橙色和白色两种。明亮的颜色搭配让人眼前一亮，具有很好的宣传效果。

3.2.5　橙黄 & 杏黄

❶ 橙黄色更偏于黄色，是一种较为明亮的色彩，具有积极、活跃的视觉效果。

❷ 这是墨西哥工业设计工作室的品牌形象杂志封面设计。整体以插画的形式呈现出来，让人耳目一新。

❸ 在橙黄标准色的映衬下，人物身体的白色和头发的蓝黑色显得极其醒目。

❹ 在杂志最上方展示标志文字，十分引人注目，具有很好的宣传作用。

❶ 杏黄色是一种纯度偏低的黄色，给人一种柔和、恬静的感觉。

❷ 这是一款产品的包装盒设计。以杏黄色为标准色，体现出企业文雅简洁的经营方式。

❸ 在包装盒中间位置留有一小块空缺，可以让人方便地看到商品颜色。在挑选时给消费者带来了便利，同时也凸显出企业服务周到、贴心的文化理念。

3.2.6　米色 & 驼色

❶ 米色具有明亮、舒适的特性，即使大面积使用也不会使人产生厌烦心理，反而具有稳定人心的作用。

❷ 这是一个面包店的包装袋视觉设计。整体以米色为主色调，与袋中的面包属于同色系，在视觉上具有统一和谐的效果。而下方黑色的标志文字具有宣传作用。

❸ 白色包装袋以黑色面包形状的图案做装饰，具有趣味感的同时，又与店面的经营产品相吻合，创意十足。

❶ 驼色接近于沙棕色，明度较低，给人稳定、温暖的感觉。

❷ 这是一个企业的名片设计。名片背面以青色为主色调，凸显出企业的高端与稳重。

❸ 驼色的标志文字在青色背景的衬托下，极其醒目，而且没有多余的装饰物。体现出企业简约、精致又不失时尚的经营理念。

3.2.7　琥珀色 & 咖啡色

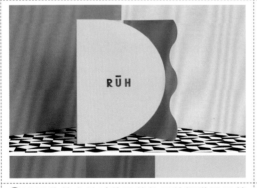

EVERYTHING YOU WISHED YOU KNEW ABOUT COFFEE

❶ 这是伦敦女性时装品牌的吊牌视觉展示效果。整体以折页的形式设计而成，具有很强的创意感。

❷ 正面为明度较高的青色半圆角矩形，颜色极其醒目，将品牌标志显示出来，具有很好的宣传作用。

❸ 而里面则采用琥珀色，将颜色的亮度适当压暗，缓解视觉疲劳。体现出企业优雅大气的经营氛围。

❶ 咖啡色是明度较低的褐色，由于重量感较大，给人一种沉稳、时尚的视觉感。

❷ 这是一个咖啡厅的宣传海报设计。利用咖啡粉和咖啡豆，将文字呈现出来，极具创意感。具有很好的宣传作用。

❸ 咖啡色的文字，在浅色背景的衬托下极其醒目，让人一眼就能看到。

3.2.8 蜂蜜色 & 沙棕色

① 蜂蜜色是明度较低的黄色，给人以柔和、亲近的感觉。

② 这是一款商品的包装袋设计。整体以浅灰色为主体色，凸显出品牌的简约与低调。

③ 包装袋上方蜂蜜色条纹的添加，为整个设计增添了一抹亮丽的色彩，同时又有一丝动感，十分醒目。

① 沙棕色纯度和明度都较低，具有稳定、低调的特征，容易给人温和的视觉感受。

② 这是 TAP 品牌视觉设计中的名片。以沙棕色为主色调，体现出品牌的复古气息。

③ 在名片背面中间位置摆放的标志图案，极其醒目。而下方的文字则起到了解释说明的作用。

3.2.9 巧克力色 & 重褐色

① 巧克力色是一种棕色，但由于本身纯度较低，在视觉上容易营造一种浓郁和厚重的视觉氛围。

② 这是一款男士袖扣的包装设计。整体以巧克力色为标准主色调，体现出企业以男性为主、成熟稳重的经营理念。

③ 盖子上方橘色渐变宣传文字极其醒目，对品牌具有很好的宣传作用。

① 重褐色是比较内敛的色彩，一直无声地在各个领域广泛使用，特别是在海报设计中。

② 这是国外传统咖啡店的咖啡杯展示效果。整体以重褐色为主，在花瓣底纹的衬托下，体现出店面的古老与稳重。

③ 在杯身上方以倾斜的角度展现标志文字，下方的小字让整体的细节感更加丰富。

3.3 黄

3.3.1 认识黄色

黄色：黄色是一种常见的色彩，可以使人联想到阳光。由于明亮度、纯度，甚至与之搭配颜色的不同，向人们传递的感受也会不同。

色彩情感：富贵、明快、阳光、温暖、灿烂、美妙、幽默、辉煌、平庸、色情、轻浮。

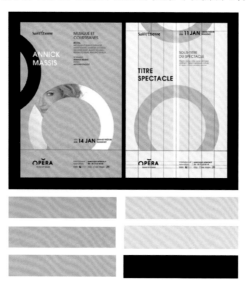

黄 RGB=255,255,0 CMYK=10,0,83,0	铬黄 RGB=253,208,0 CMYK=6,23,89,0	金 RGB=255,215,0 CMYK=5,19,88,0	香蕉黄 RGB=255,235,85 CMYK=6,8,72,0
鲜黄 RGB=255,234,0 CMYK=7,7,87,0	月光黄 RGB=155,244,99 CMYK=7,2,68,0	柠檬黄 RGB=240,255,0 CMYK=17,0,84,0	万寿菊黄 RGB=247,171,0 CMYK=5,42,92,0
香槟黄 RGB=255,248,177 CMYK=4,3,40,0	奶黄 RGB=255,234,180 CMYK=2,11,35,0	土著黄 RGB=186,168,52 CMYK=36,33,89,0	黄褐 RGB=196,143,0 CMYK=31,48,100,0
卡其黄 RGB=176,136,39 CMYK=40,50,96,0	含羞草黄 RGB=237,212,67 CMYK=14,18,79,0	芥末黄 RGB=214,197,96 CMYK=23,22,70,0	灰菊色 RGB=227,220,161 CMYK=16,12,44,0

3.3.2　黄 & 铬黄

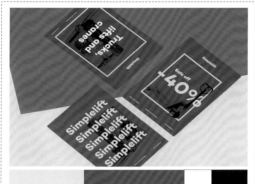

① 黄色是明度较高的颜色，给人一种明快、跃动的感觉。

② 这是租赁与维修服务公司的品牌说明卡片设计。整体以蓝色为底色，体现出企业高效安全的经营理念。

③ 黄色文字在蓝色背景衬托下极其显眼，十分引人注目。起到了很好的宣传作用。而文字下方的维修工人简笔画，说明了企业性质。

① 铬黄色是一种贵金属的色彩，这个色彩的纯度和明度都非常高，是一种积极、活跃的颜色。

② 这是一张咖啡厅的名片正面设计。整体以铬黄色为标准色，体现出经营者时尚大气、年轻热情的经营理念。

③ 再配以不同明纯度的紫色，为名片又增添了一丝高雅气息。

3.3.3　金 & 香蕉黄

① 金色容易让人联想到奢华、财富，所以金色往往可以给人一种尊贵、高档的视觉体验。

② 这是一个咖啡厅的便携带包装设计。整体以白色为准，再配以咖啡制作流程的简笔画，表明了该包装袋的性质。

③ 金色便签的添加，让整个包装瞬间明亮起来，尽显时尚之感。同时也让品牌标识得到了很好的宣传与传播。而少量绿色的点缀，表明咖啡厅具有环保意识。

① 香蕉黄是一种比较稳定的黄，可以营造出稳定、温暖的氛围。

② 这是 2017 赫尔"英国文化之城"视觉形象设计的标志图案立体效果。整体以香蕉黄为主色，简单的线条极具美感。十分巧妙地将赫尔的首写字母 H 融入到设计中，创意感十足。

③ 将白色的标志与文字放在右下角，起到了很好的宣传引导作用。

3.3.4　鲜黄 & 月光黄

❶ 鲜黄色色彩饱和度较高，给人以鲜活、亮眼的视觉体验。

❷ 这是澳大利亚 INTEN 建筑装修公司的安全帽设计。整体以鲜黄色为标准色，十分亮眼。同时也表明了该企业安全、高效的行为准则。

❸ 在帽子顶部印有标志性文字，具有品牌宣传作用。而白色线条的点缀则为整体设计增添了一丝动感与活力。

❶ 月光黄明度高、饱和度低，是一种淡雅、温柔的颜色。

❷ 这是一个快餐店筷子封套设计。整个画面以月光黄为主色调，体现出餐厅干净、优雅的就餐环境。

❸ 将餐厅标志以拓印的方式呈现出来，让人在触摸时，可以有很好的手感，设计新颖别致。起到宣传品牌的作用。

3.3.5　柠檬黄 & 万寿菊黄

❶ 柠檬黄偏绿，给人一种鲜活健康，积极向上的视觉感受。

❷ 这是一个品牌的部分视觉设计展示效果。整体以深蓝色为设计底色，突出了企业的稳重与成熟。

❸ 柠檬黄的运用，让卡通挂件的形象瞬间鲜活起来，十分醒目，对品牌有很好的宣传作用。同时表明企业年轻有活力的文化氛围。

❶ 万寿菊黄色饱和度较高，具有热烈、饱满的色彩特征。

❷ 这是一个俱乐部的宣传海报设计。在铭黄色背景之上，添加万寿菊黄的线条，让整个画面瞬间充满动感。同时也体现出俱乐部年轻化、积极热情的特征。

❸ 黑色的文字在万寿菊黄映衬下，十分显眼。获得了很好的宣传效果。而黑色小图案则丰富了图案细节。

3.3.6 香槟黄 & 奶黄

❶ 香槟黄色色泽轻柔，给人以温和的色彩视
觉感受。

❷ 这是 BRIOCHE 面包品牌的饮料包装设计。
整体以香槟黄为主色调，凸显出店铺的柔
和与精致。

❸ 橘色的标志在香槟黄杯上端，十分醒目。
而且公鸡造型的标志图案极具趣味性，让
人印象深刻。可以很好地对品牌进行推广。

❶ 奶黄色是一种比较淡的黄色，是一种具有
亲和力的色彩。

❷ 这是一款巧克力的包装设计。整体以奶黄
色为标准色，突出了企业的优雅与大方。

❸ 在包装中间部位摆放巧克力产品的实物拍
摄图，可以让购买者看到产品细节，整体
设计十分贴心。体现出企业服务至上的经
营理念。

❹ 将标志摆放在包装顶部，起到了很好的品
牌宣传作用。

3.3.7 土著黄 & 黄褐

❶ 土著黄的纯度较低，是一种温暖、典雅的
色彩。

❷ 这是 4R 现代品牌形象设计中杯子和铅笔
的展示效果。铅笔整体为土著黄色，体现
出企业较为高端的形象。

❸ 将企业标志直接印在杯身中间部位，在白
色的衬托下十分醒目，具有很好的品牌宣
传效果。

❶ 黄褐色明度适中但纯度较低，给人一种稳
重、成熟的感觉。

❷ 这是一款品牌视觉形象设计中的信封展示
效果。整体以棕色为主体色，凸显出企业
成熟稳重的经营特征。

❸ 在信封内部使用黄褐色，打破棕色的沉闷
感，给人一丝活跃的动感。而标志在棕色背
景衬托下极其醒目，起到宣传品牌的作用。

3.3.8　卡其黄 & 含羞草黄

❶ 卡其黄色看起来有些像土地的颜色，给人以时尚大气的视觉感受。

❷ 这是巴黎高级定制珠宝首饰的名片设计。整个名片背面以卡其黄为底色，体现出企业奢华高端的特征。

❸ 类似耳环图案的装饰，进一步表明了企业性质。而青色和洋红色的点缀，为画面增加了一丝动感。

❹ 将企业标志放在白色矩形上方，极其显眼，对品牌具有很好的宣传作用。

❶ 含羞草黄色是极具大自然气息的颜色，给人以静谧、愉悦的视觉体验。

❷ 这是比利时 TWEE 机构视觉设计中的信封展示效果。画面以深青色为主体色，凸显出该机构的严谨性质。

❸ 含羞草黄的标志和宣传语在深青色背景映衬下极其醒目，让人印象深刻。对该机构具有很好的宣传作用。

3.3.9　芥末黄 & 灰菊黄

❶ 芥末黄是较为偏绿的颜色，纯度稍低，给人温和、柔美的视觉感。

❷ 这是一款酒品标签的设计。整体以棕色为标签的大背景，凸显出高端之感。

❸ 将芥末黄的标志文字以倾斜的方式放置在棕色背景中间，极其醒目。上方的酒杯图案再次说明了品牌的性质。

❹ 在标签最外围添加一圈芥末黄，整体极具时尚气息，在昏暗的灯光下尽显高雅。

❶ 灰菊黄是一种优雅、沉稳、具有韵味的色调。

❷ 这是巴西 CRIAR 活动公司品牌形象重塑中的汽车设计展示效果。整体以灰菊黄为标准色，突出活动优雅、柔和的特点。

❸ 在汽车后侧以不同明纯度的橘色图案做点缀，整体颜色具有跳动感。

❹ 将黑色标志放在车门位置，使人在打开车门时很容易看到，极具醒目效果。对品牌有很好的宣传作用。

3.4 绿

3.4.1 认识绿色

绿色：绿色既不属于暖色系也不属于冷色系，它在所有色彩中居中。它象征着希望、生命，绿色是稳定的，它可以让人放松心情，缓解视觉疲劳，同时深色的绿还可以给人一种高贵奢华的视觉效果。

色彩情感：希望、和平、生命、环保、柔顺、温和、优美、抒情、永远、青春、新鲜、生长、沉重、晦暗。

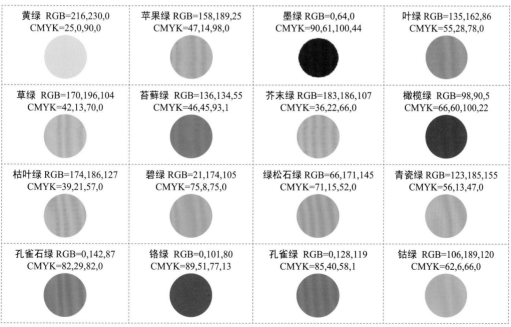

黄绿 RGB=216,230,0 CMYK=25,0,90,0	苹果绿 RGB=158,189,25 CMYK=47,14,98,0	墨绿 RGB=0,64,0 CMYK=90,61,100,44	叶绿 RGB=135,162,86 CMYK=55,28,78,0
草绿 RGB=170,196,104 CMYK=42,13,70,0	苔藓绿 RGB=136,134,55 CMYK=46,45,93,1	芥末绿 RGB=183,186,107 CMYK=36,22,66,0	橄榄绿 RGB=98,90,5 CMYK=66,60,100,22
枯叶绿 RGB=174,186,127 CMYK=39,21,57,0	碧绿 RGB=21,174,105 CMYK=75,8,75,0	绿松石绿 RGB=66,171,145 CMYK=71,15,52,0	青瓷绿 RGB=123,185,155 CMYK=56,13,47,0
孔雀石绿 RGB=0,142,87 CMYK=82,29,82,0	铬绿 RGB=0,101,80 CMYK=89,51,77,13	孔雀绿 RGB=0,128,119 CMYK=85,40,58,1	钴绿 RGB=106,189,120 CMYK=62,6,66,0

3.4.2　黄绿 & 苹果绿

❶ 黄绿是春天的颜色，是环保、健康的象征。

❷ 这是一个餐厅的餐盒设计展示效果。整体以黄绿色为主色调，凸显出餐厅绿色环保，安全放心的行为识别理念。

❸ 白色标志在黄绿色餐盒封套上方极其醒目，对品牌具有很好的宣传效果。而白色象征着干净与简洁，同时也体现出餐厅整体设计的时尚与大方。

❶ 苹果绿明纯度适中，给人清脆、鲜甜的视觉感。

❷ 这是德国一个节日的品牌视觉形象设计海报。整个设计以插画的形式展现出来，以苹果绿为主色调，突出了节日的生机与活力。

❸ 白色的宣传文字在苹果绿的衬托下，非常醒目，各种信息让人一目了然。

3.4.3　墨绿 & 叶绿

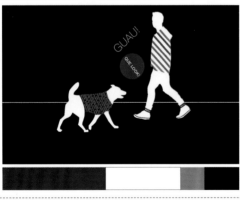

❶ 墨绿色纯度较高，是一种高雅且具有生命力的色彩。

❷ 这是一个宠物品牌的视觉形象设计。宠物和主人的上衣都采用墨绿色，既相互呼应，又体现出宠物店绿色环保，对生命极为尊重的经营理念。

❸ 白色的标志文字以倾斜的方式呈现，让画面富有动感的同时又起到宣传作用。

❶ 叶绿色是洋溢着盛夏色彩的颜色，展现出沉稳、舒适的视觉效果。

❷ 这是一个餐厅餐具垫的设计展示效果。整体以叶绿色为主色调，在淡灰色的桌面上十分显眼。

❸ 在叶绿色杯垫的衬托下，上方的白色盘子显得极其干净，让消费者在就餐时能够心情愉悦，促进食欲。同时又体现出该餐厅服务的贴心与细致。

3.4.4 草绿 & 苔藓绿

❶ 草绿色象征着生命力，给人以清新、自然的印象。

❷ 这是一款复古酒品的手提袋设计。整体以淡灰色为主色调，凸显出企业浓浓的复古情怀。

❸ 草绿色的标志图案，经放大后放在手提袋右下角，十分引人注目。而在最上方为深色的标志文字，中间部分的留白，将二者很好地凸显出来。对品牌起到了积极的宣传作用。

❶ 苔藓绿色色彩饱和度较低，给人以低调、沉稳、干练的感觉。

❷ 这是一个鞋店的手提袋设计。整体以橄榄绿为主色调，体现出鞋店稳重、时尚的视觉行为。

❸ 两种不同颜色的标志文字，在橄榄绿的背景衬托下，十分显眼。同时红色字母的点缀，为整个设计增添了一丝动感与时尚气息，尽显鞋店的简约与大气。

3.4.5 芥末绿 & 橄榄绿

❶ 芥末绿明度较低，给人以优雅、温和的视觉感。

❷ 这是一个企业的名片设计展示效果。整体以淡橘色为主色调，体现出企业具有柔和大方的特点。

❸ 青色的标志中点缀部分芥末绿，既让标志引人注目，让人一眼就能看到该企业的宣传文字。同时又对品牌有积极的引导作用。

❶ 橄榄绿色的明度较低，给人一种优美、抒情的感觉。

❷ 这是一款珠宝店的珠宝盒设计。整体以橄榄绿为标准色，尽显珠宝店的高端与时尚。

❸ 整个珠宝盒没有多余的装饰，只是以拓印的花纹图案装饰。而且在盒盖中间位置摆放标志，极其醒目。整个设计体现出珠宝店的简约大气，从中凸显出一丝复古情调。

3.4.6 枯叶绿 & 碧绿

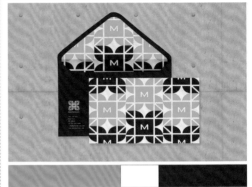

❶ 枯叶绿色是一种较为中性的颜色，给人以沉着、率性的感觉。

❷ 这是一款颜色较为亮丽的光碟视觉形象设计。整体以绿色系为主色调，凸显出该企业的生机与活力。

❸ 在众多的绿色中枯叶绿的点缀，让整个设计多了一份稳重，虽然颜色较多但却不显得花哨。反而让人眼前一亮，具有很好的品牌宣传效果。

❶ 碧绿色中略带青色，给人以清新、活泼的视觉印象。

❷ 这是一个绿茶抹茶店的品牌形象信封设计。整体以墨绿色为主色调，体现了经营者的高雅时尚，活力满满。

❸ 碧绿色树叶的添加，既与抹茶绿茶的颜色相近，突出了店面的经营性质。同时又给消费者营造出一种绿色健康，具有生机与活力的视觉氛围。

3.4.7 绿松石绿 & 青瓷绿

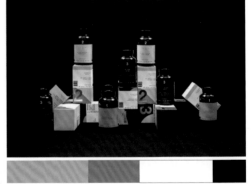

❶ 绿松石绿明度较高，给人以空灵透彻，尽显大气的视觉体验。

❷ 这是一款咖啡豆的包装袋设计。整体以绿松石绿为主色调，突出了经营者的与众不同，以及另类的美感。

❸ 包装袋底部粉色的添加，为整个包装增添了一丝动感。白色的标志在绿松石绿的衬托下，十分显眼，对品牌有积极的宣传作用。

❶ 青瓷绿纯度偏低但明度较高，是一种淡雅、高贵的色彩。

❷ 这是一款营养补充剂的品牌包装设计。整体以青瓷绿为标准色，体现出企业注重健康的同时又不失时尚的经营理念。

❸ 橘色的点缀，让整个包装设计具有一丝动感，同时也是亮眼的存在，对品牌有极好的宣传促销作用。

3.4.8 孔雀石绿 & 铬绿

❶ 孔雀石绿色饱和度较高，容易营造一种清脆、饱满的视觉氛围。

❷ 这是一个饼干烘焙店的名片设计。名片正反面分别以灰色和白色为主色调，凸显出店铺干净大方，高雅时尚的经营理念。

❸ 将孔雀石绿的树叶作为标志图案一部分，既为单调的灰白色增添了一抹亮色，让其极具动感。同时又将饼干酥脆、原料天然健康的特点表达得淋漓尽致。

❶ 铬绿色明度较低，给人一种深沉、厚重的感觉。

❷ 这是一款餐厅信封设计的视觉展示效果。整体以铬绿为主色调，没有多余的颜色，营造出餐厅高档大方，时尚简约的经营氛围。

❸ 橘色系的标志文字，在铬绿背景的映衬下十分引人注目。精致简洁的设计对品牌有很好的宣传作用。

3.4.9 孔雀绿 & 钴绿

❶ 孔雀绿颜色浓郁，给人以高贵、冷艳的视觉感受。

❷ 这是一款珠宝盒的包装设计。整体以孔雀绿为主色调，体现出企业的高端与华贵。

❸ 将标志印在包装盒最上方，十分醒目。而同色系的耳环在白色包装盒的衬托下，尽显奢华与大气，对品牌有很好的宣传作用。

❶ 钴绿色明度较高，给人以强烈的活跃视觉感。

❷ 这是一个教育机构的宣传折页设计。整体以白色为主色调，将宣传内容很好地展现出来。

❸ 其中钴绿色的运用，可以让阅读者很好地观看到重点，了解该机构的核心内容。同时也体现出该机构活跃积极的学习氛围。

3.5 青

3.5.1 认识青色

　　青色：青色是绿色和蓝色之间的过渡颜色，象征着永恒，是天空的代表色，同时也能与海洋联系起来。如果一种颜色让你分不清是蓝还是绿，那或许就是青色了。在设计中青色的运用，可以凸显企业的简约、大方与理性，同时也具有较强的科技感。

　　色彩情感：圆润、清爽、愉快、沉静、冷淡、理智、透明。

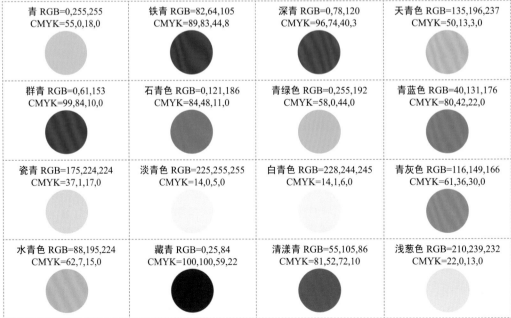

青 RGB=0,255,255 CMYK=55,0,18,0	铁青 RGB=82,64,105 CMYK=89,83,44,8	深青 RGB=0,78,120 CMYK=96,74,40,3	天青色 RGB=135,196,237 CMYK=50,13,3,0
群青 RGB=0,61,153 CMYK=99,84,10,0	石青色 RGB=0,121,186 CMYK=84,48,11,0	青绿色 RGB=0,255,192 CMYK=58,0,44,0	青蓝色 RGB=40,131,176 CMYK=80,42,22,0
瓷青 RGB=175,224,224 CMYK=37,1,17,0	淡青色 RGB=225,255,255 CMYK=14,0,5,0	白青色 RGB=228,244,245 CMYK=14,1,6,0	青灰色 RGB=116,149,166 CMYK=61,36,30,0
水青色 RGB=88,195,224 CMYK=62,7,15,0	藏青 RGB=0,25,84 CMYK=100,100,59,22	清漾青 RGB=55,105,86 CMYK=81,52,72,10	浅葱色 RGB=210,239,232 CMYK=22,0,13,0

3.5.2　青 & 铁青

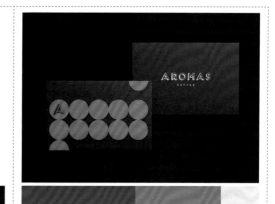

❶ 青色明度较高，所以在色彩搭配方面更引人注目。

❷ 这是 ITO 品牌形象设计的网页展示效果。整体以白色为主体色，凸显出该品牌大方、简约的文化理念。

❸ 在整个电脑显示屏幕中，倾斜摆放的青色矩形条十分引人注目，让人一眼就能看到。而黑色的文字既起到解释说明的作用，同时又丰富了画面细节效果。

❶ 铁青色属于低明度的色彩，给人以沉着、冷静的感觉。

❷ 这是一款咖啡的名片设计。整体以铁青色为主体色，体现出咖啡厅的沉稳与大气，让人很容易产生信任感。

❸ 红色正圆的点缀，打破了铁青色带来的沉闷感，让整体设计有一定的动感。同时将标志放在名片中间位置，十分醒目，具有很好的宣传效果。

3.5.3　深青 & 天青色

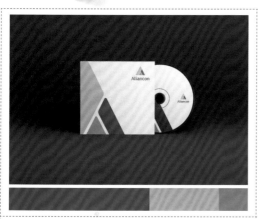

❶ 深青色颜色明度较低，给人以沉着、慎重的感觉。

❷ 这是一个建筑公司的光盘视觉展示效果。整体以白色为主体色，将标志很好地凸显出来。

❸ 标志图案深青色的添加，让整体显得十分厚重。体现出建筑公司的稳重与安全。

❶ 天青色明度稍高，纯度稍低，给人一种开阔、清澈的视觉体验。

❷ 这是马卡龙的包装盒设计。整体以天青色为主色调，与多彩的马卡龙颜色相吻合。体现出店铺细心精致的经营理念。

❸ 将橘色系的标志直接放在包装盒上方，十分醒目。起到了积极的宣传作用。

3.5.4 群青 & 石青色

❶ 群青色色彩饱和度较高，更偏蓝色，给人以深邃、空灵的视觉体验。

❷ 这是一个设计工作室的笔记本展示效果。整体以群青色为主体色，体现出该工作室的独特与个性。

❸ 将工作室名称以缩写字母的形式，摆放在笔记本下方，虽然不太显眼，但也表明了工作室的性质。

❶ 石青色明度较高，可以营造出一种新鲜、亮丽的氛围。

❷ 这是圣埃蒂安歌剧院的全新视觉设计展示效果。以石青色为标准色，将人物很好地凸显出来。特别是人物的夸张表情，十分引人注目。

❸ 歌剧院的标志与文字信息在白色的映衬下，十分显眼，对歌剧院有很好的宣传作用。

3.5.5 青绿色 & 青蓝色

❶ 青绿色明度较高，是一种清新、亮丽的色彩。

❷ 这是一个包装礼盒的展示效果。本身独特的造型，再搭配上明亮的青绿色，突出了企业的年轻时尚与个性十足。

❸ 紫色的标志文字在青绿色的衬托下十分醒目，给人以深刻印象。

❶ 青蓝色明度不高，稍微偏灰。给人一种稳重，但却带有一点点伤感的视觉感受。

❷ 这是一个餐厅的部分视觉展示效果。其中的名片和信封以青蓝色为标准色，凸显出餐厅内敛但却不失时尚的运营理念。

❸ 土黄色的标志在青蓝色中不是很显眼，却让人过目不忘。

3.5.6 瓷青 & 淡青色

❶ 瓷青的纯度稍高、明度稍低，给人一种清新、淡雅的视觉体验。

❷ 这是一个以设计师个人形象设计的移动端展示效果。在手机展示界面中以瓷青为主色调，突出设计师具有高雅情趣的特征。

❸ 将个人形象标志直接摆放在界面中间位置，加上造型独特的图案，让人印象深刻，具有很好的宣传效果。

❶ 淡青色明度较高，给人一种纯净、冰凉的视觉感受。

❷ 这是一个企业品牌的电脑端页面展示效果。在白色界面中，右侧的淡青色为整个界面增添了一丝动感，同时也体现出该企业恬静高雅的文化氛围。

❸ 将标志摆放在界面中间，并在其他颜色的衬托下十分醒目。而绿色的植物也体现出该企业追求天然的经营理念。

3.5.7 白青色 & 青灰色

❶ 白青色是明度较高，而纯度很低的颜色，可以营造一种干净、温馨的体验氛围。

❷ 这是 FISKE 海洋餐厅的品牌设计。整体以白青色为背景，凸显出餐厅的精致与优雅。

❸ 在白青色背景的衬托下，红色的标志图案和文字十分醒目，让人印象深刻。对品牌具有很好的宣传作用。

❶ 青灰色纯明度都较为适中，多用于背景色，给人一种朴素、静谧的感觉。

❷ 这是一个咖啡厅的视觉形象设计展示效果。名片和咖啡杯的杯盖以青灰色为主色调，突出了咖啡厅低调但却有内涵的格调。

❸ 青灰色的运用，在画面中极其显眼，对品牌起到很好的宣传作用。

3.5.8　水青色 & 藏青

❶ 水青色明度较高，给人以冷冽、清凉的感受，使人心旷神怡。

❷ 这是 MIGNON 品牌的圆形标志牌设计。整体以浅灰色为主体色，凸显品牌的简约与时尚。

❸ 水青色的标志首字母，在浅灰色的背景下十分醒目，让人印象深刻。而弧形文字的装饰，既起到解释说明的作用，同时也为整个设计增添了收拢之感。

❶ 藏青色颜色明度较低，通常给人以理智、坚毅、勇敢的印象。

❷ 这是 TENCENT AI LAB 品牌的折页宣传设计。整体以藏青色为主色调，凸显出企业极强的科技感。

❸ 在藏青色背景衬托之下，白色的标志和文字十分醒目，让人一眼就能看到，对品牌具有很好的宣传与推广作用。

3.5.9　清漾青 & 浅葱色

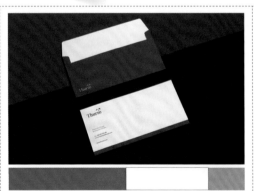

❶ 清漾青色的纯度稍低，明度稍暗，是一种较为孤傲、稳重的颜色。

❷ 这是一个企业的信封设计。整体以清漾青为标准色，体现出企业成熟有内涵，且又独具魅力的特点。

❸ 信封正面的白色，将清漾青色的标志文字衬托得十分显眼，对企业品牌有很好的宣传作用。

❶ 浅葱色是比较清冷的色彩，给人一种纯净、大方的感觉。

❷ 这是一个时尚品牌的手提袋设计。以浅葱色为主题色调，突出了品牌年轻化，追求时尚潮流的特点。

❸ 白色的标志文字和图案，在浅葱色背景下，十分显眼。由于该颜色较为清新明快，让人第一眼看到就印象深刻，极大地促进了品牌的宣传与推广。

3.6 蓝

3.6.1 认识蓝色

　　蓝色：蓝色是十分常见的颜色，代表着广阔的天空与一望无际的海洋，在炎热的夏天可以给人带来清凉的感觉，同时也是一种十分理性的色彩。在设计中运用蓝色，可以塑造一个睿智与稳重并存的企业形象。

　　色彩情感：理性、智慧、清透、博爱、清凉、愉悦、沉着、冷静、细腻、柔润。

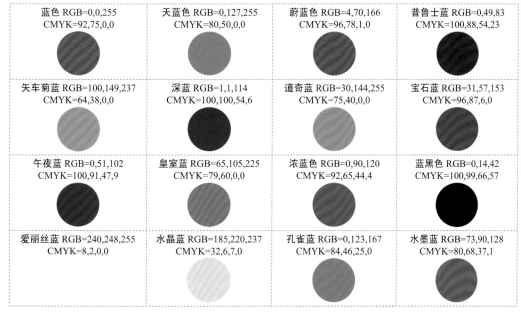

蓝色 RGB=0,0,255 CMYK=92,75,0,0	天蓝色 RGB=0,127,255 CMYK=80,50,0,0	蔚蓝色 RGB=4,70,166 CMYK=96,78,1,0	普鲁士蓝 RGB=0,49,83 CMYK=100,88,54,23
矢车菊蓝 RGB=100,149,237 CMYK=64,38,0,0	深蓝 RGB=1,1,114 CMYK=100,100,54,6	道奇蓝 RGB=30,144,255 CMYK=75,40,0,0	宝石蓝 RGB=31,57,153 CMYK=96,87,6,0
午夜蓝 RGB=0,51,102 CMYK=100,91,47,9	皇室蓝 RGB=65,105,225 CMYK=79,60,0,0	浓蓝色 RGB=0,90,120 CMYK=92,65,44,4	蓝黑色 RGB=0,14,42 CMYK=100,99,66,57
爱丽丝蓝 RGB=240,248,255 CMYK=8,2,0,0	水晶蓝 RGB=185,220,237 CMYK=32,6,7,0	孔雀蓝 RGB=0,123,167 CMYK=84,46,25,0	水墨蓝 RGB=73,90,128 CMYK=80,68,37,1

3.6.2　蓝色 & 天蓝色

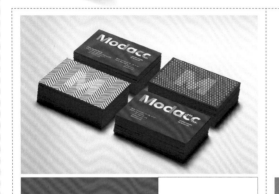

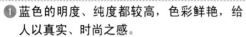

❶ 蓝色的明度、纯度都较高，色彩鲜艳，给人以真实、时尚之感。

❷ 这是一个企业的名片设计展示效果。整体以蓝色为主色调，凸显出企业稳重、有一定科技内涵的经营理念。

❸ 白色的条形图案为名片增加了一丝动感，而经过特殊设计的标志在蓝色背景衬托下十分醒目。二者相结合极大地促进了品牌的推广。

❶ 天蓝色明度较高但纯度较低，给人以纯净、开阔的视觉感。

❷ 这是一个冰激凌的包装盒设计。以天蓝色为标准色，可以将夏日冰激凌的凉爽淋漓尽致地表现出来。

❸ 品牌标志在天蓝色的衬托下极其醒目，让人一眼就能看到。而包装盒上下部白边的添加，为整体增添了些许时尚之感。

3.6.3　蔚蓝色 & 普鲁士蓝

❶ 蔚蓝色在蓝色系中明度适中，给人一种自然、稳重的感觉。

❷ 这是一个企业整个视觉设计中标准字的显示页面。整体以蔚蓝色为主色调，突出了企业的严谨与理智。

❸ 白色文字在蔚蓝色的衬托下，十分抢眼。让人一眼就能看到信息，具有很好的解释说明与宣传效果。

❶ 普鲁士蓝色彩饱和度偏低，可以营造一种深沉、稳定的视觉氛围。

❷ 这是土耳其城市形象设计重塑的手提袋设计。整体以白色为主色调，其中的城市形象标志图案十分醒目。

❸ 在标志图案设计中添加普鲁士蓝色，增加了整个标志的厚重感与成熟感。从而也凸显出城市的独特魅力。

3.6.4 矢车菊蓝 & 深蓝

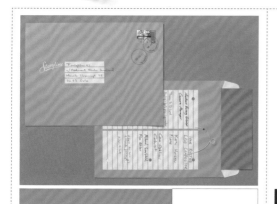

❶ 矢车菊蓝的纯度和明度都比较适中，具有清爽、舒适的独特质感。

❷ 这是一个信封的视觉展示效果。整体以矢车菊蓝为主色调，凸显出使用者追求小清新的时尚感。

❸ 在矢车菊蓝背景下，手写文字显得十分清楚，给阅读者提供了一个明亮的阅读载体。

❶ 深蓝色明度低但饱和度高，是深黑的颜色，给人一种神秘感。

❷ 这是一个人力咨询公司的标志图案设计。整体以深蓝色为主色调，突出了该公司稳重、服务至上的经营理念。

❸ 标志图案为白色，而一点橘色的点缀，让整个图案鲜活起来，十分显眼。获得了很好的宣传效果。

3.6.5 道奇蓝 & 宝石蓝

❶ 道奇蓝明度较高，具有一般蓝色的共性，给人很好的视觉体验。

❷ 这是 2018 欧洲锦标赛的视觉设计标志展示效果。多彩的颜色，突出了锦标赛的活力与激情。

❸ 标志中道奇蓝色的运用，为整个标志增添了稳重与成熟之感，中和了多彩颜色轻浮的视觉效果。

❶ 宝石蓝明度和色彩饱和度都较高，给人以稳重、权威的感觉。

❷ 这是咖啡厅的手提袋视觉设计效果。与传统咖啡厅的用色不同，画面采用粉色为主体色，凸显出咖啡厅的独特个性。

❸ 而宝石蓝色的运用，使整个设计呈现出一定的稳重感。同时别具一格的标志造型，让人眼前一亮，对品牌具有很好的宣传作用。

3.6.6　午夜蓝 & 皇室蓝

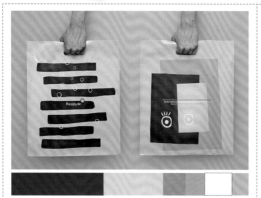

❶ 午夜蓝是一种低明度高饱和度的色彩，给人静谧、稳重的视觉体验。

❷ 这是一款手提袋的包装设计。整体以水晶蓝为主色调。凸显出品牌的年轻与时尚。

❸ 午夜蓝色条纹矩形的装饰，既为品牌增加了稳重与成熟之感，同时也让标志文字清晰明了，起到很好的宣传作用。

❹ 粉色和黄色文字的点缀，为整个设计增添了一丝动感。

❶ 皇室蓝纯度、明度都非常高，是一种高贵、冷艳的色彩。

❷ 这是俄罗斯时尚品牌设计的服装展示效果。整体以皇室蓝为标准色，凸显出品牌的奢华、高端与大气。

❸ 将品牌标志摆放在画面中间位置，十分醒目。而简单的说明性文字的添加，既丰富了画面细节效果，又对品牌起到解释作用。

3.6.7　浓蓝色 & 蓝黑色

❶ 浓蓝色的饱和度较高，给人一种稳重、优雅的感觉。

❷ 这是一款服装品牌视觉形象设计的标志展示效果。整体以浓蓝色为标准色，凸显出企业优雅有内涵的经营理念。

❸ 白色的标志和文字，在浓蓝色的大背景下极其醒目。对品牌具有积极的宣传作用。

❶ 蓝黑色明度较低，是万物沉寂的色彩，给人一种冷静、理智的视觉感。

❷ 这是一个海鲜品牌餐厅的视觉形象设计。蓝黑标准色的运用，将海洋的深沉与静谧体现出来，同时也突出了餐厅的经营性质。

❸ 白色标志在蓝黑色背景的衬托下，十分显眼。独特的鲸鱼造型标志，极具创意感与趣味性。

3.6.8 　爱丽丝蓝 & 水晶蓝

❶ 爱丽丝蓝色彩较为淡雅，给人凉爽、优雅的感受。

❷ 这是挪威滑雪胜地 STRANDA 的品牌设计。整体以渐变的爱丽丝蓝为主色调，将滑雪主题很好地凸显出来。

❸ 深色的雪花造型标志和文字，在爱丽丝蓝背景的衬托下，十分引人注目，对品牌有很好的宣传作用。

❶ 水晶蓝明度较高，给人一种清爽、纯粹的感觉，是当代的流行色之一。

❷ 这是 MAKA 纯净水的包装展示效果。整体配色较为简单，红色的运用可以使人产生一定的动感，丰富了画面的色彩效果。

❸ 深蓝色给人以稳重、成熟的视觉体验，让人对品牌产生信赖感。

❹ 水晶蓝色的添加，突出了品牌纯净水的特性，同时体现出企业简洁干净，又不失时尚的文化特征。

3.6.9 　孔雀蓝 & 水墨蓝

❶ 孔雀蓝明度适中饱和度较高，是一种稳重但又不失风趣的色彩。

❷ 这是欧洲航天局概念品牌的海报设计。整体以孔雀蓝为主色调，将航天局的科技、成熟的特征体现出来。

❸ 其他不同明纯度蓝色的运用，提高了整个海报的亮度，同时也为其增添一丝活力与动感。

❹ 白色的品牌标志文字摆放在画面左上角，在黑色背景的衬托下十分醒目，对品牌有很好的宣传作用。

❶ 水墨蓝纯度较低，色调稍微偏灰，给人以幽深、坚实的视觉感受。

❷ 这是北海道日式餐厅的食品配送手提袋设计。包装袋前面以白色为主色调，而侧面水墨蓝色的运用，凸显出餐厅稳重但却不失时尚的特征，给人以很强的信赖感。

❸ 同色系小条纹图案的装饰，为手提袋增加了细节效果。而将标志放在最上方，在白色的衬托下十分醒目。整个设计没有过多的配饰与杂色，体现出餐厅的简约与精致。

3.7 紫

3.7.1 认识紫色

紫色：紫色是由温暖的红色和冷静的蓝色混合而成的，是极佳的刺激色。由于紫色具有高端与奢华特征，所以多用于女性产品的品牌设计中。这样不仅可以突出产品的高雅与时尚，同时对品牌也具有很好的宣传与推广作用。

色彩情感：神秘、冷艳、高贵、优美、奢华、孤独、隐晦、成熟、勇气、魅力、自傲、流动、不安、混乱、死亡。

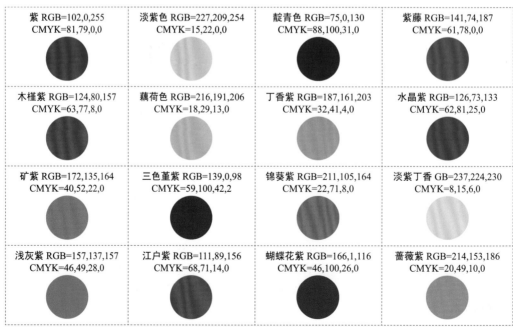

紫 RGB=102,0,255 CMYK=81,79,0,0	淡紫色 RGB=227,209,254 CMYK=15,22,0,0	靛青色 RGB=75,0,130 CMYK=88,100,31,0	紫藤 RGB=141,74,187 CMYK=61,78,0,0
木槿紫 RGB=124,80,157 CMYK=63,77,8,0	藕荷色 RGB=216,191,206 CMYK=18,29,13,0	丁香紫 RGB=187,161,203 CMYK=32,41,4,0	水晶紫 RGB=126,73,133 CMYK=62,81,25,0
矿紫 RGB=172,135,164 CMYK=40,52,22,0	三色堇紫 RGB=139,0,98 CMYK=59,100,42,2	锦葵紫 RGB=211,105,164 CMYK=22,71,8,0	淡紫丁香 GB=237,224,230 CMYK=8,15,6,0
浅灰紫 RGB=157,137,157 CMYK=46,49,28,0	江户紫 RGB=111,89,156 CMYK=68,71,14,0	蝴蝶花紫 RGB=166,1,116 CMYK=46,100,26,0	蔷薇紫 RGB=214,153,186 CMYK=20,49,10,0

3.7.2　紫色 & 淡紫色

❶ 紫色的色彩饱和度较高，是一种颜色浓郁而有张力的色彩。

❷ 这是 FLXPAY 在线支付的品牌设计展示效果。渐变蓝色的运用，凸显出品牌安全、值得信赖的特征。

❸ 标志中紫色的添加，让品牌的档次瞬间得到提高。在白色背景的衬托下，标志十分醒目，具有很好的宣传作用。

❶ 淡紫色是纯度较低的紫色，可以给人带来舒适、清凉的视觉感受。

❷ 这是一款复古风格的酒品手提袋设计。淡橘色的主体色，深沉而内敛，凸显出企业的复古色调。

❸ 摆放在手提袋右下角的标志图案，淡紫色的运用，在突出酒品复古的同时，又透露出淡淡的高雅。

3.7.3　靛青色 & 紫藤色

❶ 靛青色是一种明度较低的紫色，给人神秘莫测的感觉。

❷ 这是墨西哥 VR FEST 虚拟现实体验节的海报立体展示效果。整个海报色彩绚丽，凸显出虚拟现实的酷炫与时尚。

❸ 不同明纯度靛青色的运用，将虚拟体验的神秘色彩凸显得淋漓尽致。同时多彩亮色的点缀，让整个海报极其醒目，具有很好的宣传作用。

❶ 紫藤色的纯度较高，具有时尚、亮眼的特征。

❷ 这是一个酷炫时尚品牌设计的包装杯展示效果。大面积渐变紫藤色的运用，凸显出品牌独具特色的时尚感。

❸ 红色与橘色的点缀，让标志颜色更加丰富的同时，又增添了一丝动感。同时渐变的多彩文字在白色杯身的衬托下十分显眼，促进了品牌的宣传。

3.7.4　木槿紫 & 藕荷色

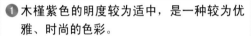

❶ 木槿紫色的明度较为适中，是一种较为优雅、时尚的色彩。

❷ 这是一个时尚杂志内页的展现效果。整体以木槿紫色为主体色，凸显出企业高端奢华的经营理念。

❸ 在木槿紫色的衬托下，白色的文字极其醒目，让人一眼就能看到，起到品牌了解与宣传的作用。

❶ 藕荷色是纯度较低的紫色，给人以淡雅、内敛的视觉感受。

❷ 这是一个面包店的包装袋设计。整体以白色为主色调，凸显店面的干净与卫生。

❸ 在白色之中添加藕荷色，赋予整个包装一种优雅的时尚感。黑色文字在藕荷色的衬托下，十分醒目，具有很好的宣传作用。

3.7.5　丁香紫 & 水晶紫

❶ 丁香紫纯度较低，给人一种轻柔、淡雅的视觉感。

❷ 这是奥地利 BUNA 咖啡馆的名片设计。整体以丁香紫为主色调，尽显咖啡馆的优雅与时尚。

❸ 白色的品牌标志在丁香紫的衬托下十分显眼，具有很好的宣传效果。而其他小的文字，既起到解释说明的作用，又丰富了名片的细节设计效果。

❶ 水晶紫色彩浓郁，是纯度较低的紫色，具有高贵、稳定的特点。

❷ 这是一个企业宣传册内页的视觉设计效果。整体以水晶紫为标准色，凸显出企业高端时尚的文化特征。

❸ 白色文字和黑色的标志图案在水晶紫色的衬托下，显得十分醒目，让人一眼就能注意到，极具宣传效果。

3.7.6 矿紫 & 三色堇紫

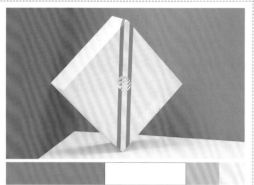

❶ 矿紫色的纯度和明度都稍低，给人以优雅、坚毅的视觉感。

❷ 这是一款产品的包装礼盒设计。整个盒子以淡灰色为主体色调，尽显产品的高端与时尚。

❸ 矿紫色斜线条的装饰，打破了白色的沉闷感，成为整个设计中亮眼的存在。同时将橘色系的标志突出出来，起到宣传品牌的作用。

❶ 三色堇紫色是一种红紫色，纯度较高，给人一种华丽、高贵的视觉感受。

❷ 这是比萨店的比萨包装盒设计。整体以白色为主色调，而红色的运用，为包装盒增添了一丝动感。

❸ 三色堇紫色的标志，在白色的衬托下十分显眼，促进了品牌的传播。而矩形条纹的装饰，丰富了包装盒的细节效果。

3.7.7 锦葵紫 & 淡紫丁香

❶ 锦葵紫色的纯度较低，具有光鲜、优雅的色彩特点。

❷ 这是时尚个人品牌的名片设计展示效果。整体以葵锦紫色为主色调，尽显个人品牌时尚优雅的独特个性。

❸ 名片背面以葵锦紫色为背景色，将中间的标志和图案很好地凸显出来。而正面葵锦紫色的描边，给人以收拢之感。整体设计十分引人注目，具有很好的品牌宣传效果。

❶ 淡紫丁香饱和度较低，给人一种淡雅、古典的印象。

❷ 这是一款化妆品包装的视觉展示效果。整体以淡紫丁香为主色调，凸显出品牌以女性为主的优雅时尚的行为理念。

❸ 淡紫丁香的瓶身，搭配白色的盖子，整体给人以简约淡雅的视觉感受。而白色的品牌标志文字，在淡紫丁香的衬托下十分醒目，让人过目不忘。

3.7.8 浅灰紫 & 江户紫

❶ 浅灰紫明度较低,给人以守旧、沉稳的视觉感。

❷ 这是一款复古风格酒品牌的T恤衫立体展示效果。T恤整体以淡橘色为主体色,凸显出品牌复古色调的同时,让淡紫色的标志图案也十分显眼。

❸ 领口和袖口浅灰色紫色的点缀,使整个T恤给人一种稳重、高雅的感受。很容易让人对品牌产生信任感,具有积极的宣传与促进作用。

❶ 江户紫明度较高,给人一种清透、明亮的感觉。

❷ 这是 PLAY CITY 主题乐园的品牌饮料杯子设计。整体以江户紫为主体色调,突出了乐园的积极与活力的特性。

❸ 红色的运用,为整个杯子增添了一抹亮丽的色彩,并具有一定的动感。明亮的色彩搭配,让人眼前一亮,对乐园起到很好的宣传作用。

3.7.9 蝴蝶花紫 & 蔷薇紫

❶ 蝴蝶花紫色明度较低,给人以低调、有内涵的感觉。

❷ 这是蓝莓甜品冷饮的品牌包装袋设计。整体以蝴蝶花紫为主体色调,凸显出冷饮店年轻时尚的经营氛围。

❸ 经过特殊设计的标志在蝴蝶花紫的衬托下,十分醒目。而且右下角卡通水果的装饰,表明冷饮店的性质,同时又为整个设计增添了一定的趣味性。

❶ 蔷薇紫色纯度较低,给人以优雅、柔和的体验感。

❷ 这是 MUSEO DEL 博物馆的品牌形象宣传单设计展示效果。整体以白色为主色调,独具特色的宣传设计,突出了博物馆的个性与时尚。

❸ 蔷薇紫色的运用,尽显设计的柔和优雅之美。同时其他亮色的点缀,使宣传单十分引人注目,起到很好的宣传作用。

3.8 黑白灰

3.8.1 认识黑白灰

黑色：黑色象征着神秘、黑暗和力量。它可以将光线全部吸收而没有任何反射。黑色是一种具有多种不同文化意义的颜色。在视觉设计中运用黑色，既可以展现品牌的高雅与时尚，又可以体现企业的成熟与稳重，很容易使消费者产生信任感。

色彩情感：高雅、热情、信心、神秘、权力、力量、死亡、罪恶、凄惨、悲伤、忧愁。

白色：白色象征着高洁与明亮，在森罗万象中有深远的意境。白色，还有凸显的效果，尤其在深浓的色彩间，一道白色，几滴白点，就能与其他色彩形成鲜明对比，将品牌很好地突出出来。

色彩情感：正义、善良、高尚、纯洁、公正、纯洁、端庄、正直、少壮、悲哀、世俗。

灰色：这种色彩比白色深一些，比黑色浅一些，夹在黑白两色之间。在视觉设计中适当运用白色，既可以缓解黑色带来的沉闷感，又可以增加白色的沉稳感。

色彩情感：迷茫、实在、老实、厚硬、顽固、坚毅、执着、正派、压抑、内敛、朦胧。

白 RGB=255,255,255 CMYK=0,0,0,0	月光白 RGB=253,253,239 CMYK=2,1,9,0	雪白 RGB=233,241,246 CMYK=11,4,3,0	象牙白 RGB=255,251,240 CMYK=1,3,8,0
10% 亮灰 RGB=230,230,230 CMYK=12,9,9,0	50% 灰 RGB=102,102,102 CMYK=67,59,56,6	80% 炭灰 RGB=51,51,51 CMYK=79,74,71,45	黑 RGB=0,0,0 CMYK=93,88,89,88

3.8.2 白 & 月光白

① 白色是一种纯洁、简约的颜色，属于无色系。

② 这是 JONA 创意机构品牌形象的名片展示效果。整体以黑色为主色调，凸显出该机构严谨、高雅的文化氛围。

③ 白色的标志和文字，在黑色背景的衬托下十分醒目。而且没有多余的颜色与装饰，体现了机构简约精致的行为理念。

① 月光白，没有白色的纯粹，是一种比较清冷、高洁的色彩。

② 这是墨西哥一个餐馆的名片设计。整体以月光白为标准色，突出了餐馆干净雅致的特征。

③ 深色的标志在月光白的背景衬托下十分引人注目。对餐馆品牌具有很好的宣传作用。

3.8.3 雪白 & 象牙白

① 雪白色颜色偏青，给人典雅、纯净的视觉感。

② 这是 SO 化妆品品牌的杂志内页设计。整体以雪白色为主色调。凸显出品牌的高雅与时尚。

③ 在雪白色背景的衬托下，无论是人物还是化妆品都给人以温和、柔美的视觉体验，并以此表明了产品亲肤、不刺激的特征。

① 象牙白是一种较为暖色调的白，给人一种柔软、温和的视觉感受。

② 这是 ELENFHANT 在线儿童精品店的标志设计。画面以象牙白为背景，突出了品牌以儿童为主体服务对象，柔和、时尚的文化理念。

③ 黑色的标志和图案在象牙白背景的衬托下十分醒目，大象图案上方红色的点缀，让整个标志灵动起来，使人印象深刻。

3.8.4　10% 亮灰 ＆50% 灰

❶ 10% 亮灰色彩明度较高，给人以高雅、平静的视觉体验。

❷ 这是 UNICORN 踏板车工业设计和品牌 VI 设计的车型展示效果。车身整体以 10% 亮灰为主色调，凸显出品牌的高端与大气。

❸ 将标志和说明性文字放在渐变灰色背景的两角，十分引人注目。既起到宣传品牌的作用，又稳定了整个画面。

❶ 50% 灰是一种较为中性的色彩，给人稳重、厚实的视觉感受。

❷ 这是伏特加酒品牌形象设计。整体是一只 50% 灰渐变的手，独特的造型极具创意感。突出了品牌具有深厚的文化底蕴。

❸ 深色的品牌标志在渐变手的衬托下，十分醒目，具有很好的宣传推广效果。

3.8.5　80% 炭灰 ＆ 黑

❶ 80% 炭灰颜色偏深，具有稳重、沉稳的特性。

❷ 这是 ELLIE 花卉印花品牌 VI 形象设计的名片展示效果。整体以 80% 炭灰为主色调，凸显出品牌的成熟与沉稳。

❸ 黑色的标志文字在 80% 炭灰的衬托下，十分醒目。没有多余的颜色与配饰，体现出品牌追求的简约与时尚理念。

❶ 黑色是较为浓重的颜色，具有高雅、科技的视觉感。

❷ 这是 FLORMOR 化妆品零售品牌的新版形象设计。整体以黑色为标准色，尽显品牌的时尚与高雅。

❸ 白色的标志文字在黑色的映衬下十分醒目，让人一眼就能看到。对品牌有很好的宣传与推广作用。

第 **4** 章　VI 设计的应用系统

办公用品 \ 服装用品 \ 产品包装 \ 建筑外部环境

视觉识别系统的设计是 CI 策划的核心部分，因为受众无法感知到企业的理念、文化以及策略等这些抽象的东西。只有将其转换为具体的物体，才能在潜移默化中进行传播。

特点：

◆ 具有很强的视觉辨识度。

◆ 注重产品的实用性与品牌价值。

◆ 不同的应用系统，在配色、呈现方式、展示地点等都各不相同。

◆ 每一个系统都自成一体，但与整体又相互协调统一。

◆ 具有很好的延展性与规范性。

◆ 符合社会发展规律，具有很强的时代特征。

4.1 办公用品 VI 设计

办公用品是 VI 设计中最常见也是最实用的类型之一，它虽然很小、很琐碎，但却是传播企业文化，树立企业形象的媒介，并且具有广泛的传播面。比如，当你与别人见面时第一个传递信息的就是名片，而当别人想起你时，也是先查看名片。

所以说，办公用品设计有利于企业形象的传播，并能够营造出一种统一、美观的企业环境氛围，让人们对企业留下深刻的印象。

在此部分设计中，可形成办公用品特有的完整性和精确度。其内容包括信封、信纸、便笺、名片、工作证、文件夹、介绍信、账票、备忘录、资料袋、公文表格等。由于办公用品 VI 类型为了方便携带，通常尺寸较小，因此在有限的版面中如何能更直观地体现品牌内涵是至关重要的。

特点：

◆ 具有高度的统一性与系统性。

◆ 是企业信息最直接的传播者。

◆ 有相对固定的尺寸要求。

◆ 具有企业独特的个性与特征。

4.1.1　名片

当我们与人见面时，首先就是使用名片来传递信息，所以说名片是我们与人沟通交流的一个连接点。名片上通常印有姓名、地址、职务、联系方式等，是向对方推销自己的一种方式，是身份或职业的象征。名片设计的基本点就是要将信息显示清楚，同时也要具有视觉重心与美感。通常可采用对称或均衡的构图方式来展现名片特征，给人一种庄严、沉稳之感，从而获得他人的尊敬与信任。

设计理念：这是 LOAF 面包店品牌形象设计的名片展示效果。设计者将产品直接放在名片中间位置，具有很好的视觉重心效果，引人注目，同时也让人对企业的经营性质一目了然。

色彩点评：名片背面大都采用黑色，而白色的文字凸显出来。正面采用纯白色，衬托出上方的黑色标志文字十分醒目，对品牌有很好的宣传作用。

🔘 整个设计简单大方，以图文结合的方式既清晰地传播了信息，同时也表明企业简约精致的经营理念。

🔘 画面采用垂直居中的构图方式，给人一种简洁中又不失时尚的视觉效果。

RGB=45,45,43　CMYK=80,76,76,55
RGB=255,255,255　CMYK=0,0,0,0
RGB=134,109,77　CMYK=51,60,76,5

4.1.2　信封、信纸

在科技发展迅速的今天，信封与信纸作为传递信息的媒介，相比以前使用量大大地减少。但在企业办公方面依然普遍使用，因为它可以体现出一个企业的诚意与雅致。

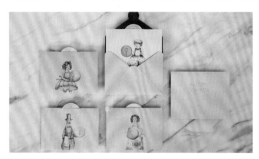

设计理念：这是 Balloon & Whisk 烘焙食品店品牌形象设计的信封与信纸展示效果。在信封正面将手部镂空的卡通人物作为主图，通过这个镂空好像人物手拿产品一样，极具创意感与趣味性。

色彩点评：粉色的信封，将产品的甜腻展现出来。同时也给购买产品的女性消费者永远都是年轻貌美的少女的视觉体验。

🔘 青色的信纸，为画面增添了一丝动感。同时也体现出企业在精致优雅中的稳重与成熟。

🔘 每个信封与信纸的颜色都不一样，通过镂空，整体更具立体感。

RGB=225,213,224　CMYK=12,19,6,0
RGB=213,229,216　CMYK=24,4,19,0
RGB=88,51,59　CMYK=61,86,69,33

4.1.3　工作证

工作证是一个员工身份与地位的象征。在一个企业中，我们不可能认识每一个人，而当我们需要与某个不认识的员工进行沟通与交流时，通过工作证可以很方便地知道对方的姓名、工作性质、身份地位等。

设计理念：这是 Grin Fitness 健身会馆的工作证设计。设计者将企业的标志和文字置于工作证上方，十分醒目。下方则为持证人的基本信息，让人一目了然。整个版式设计简洁大方，又具有一定的时尚感。

色彩点评：工作证以明亮的青色为主体色，既十分引人注目，又突出了企业充满年轻与活力的文化氛围。

🔵 放大处理的黑色标志，让人印象深刻，对品牌有很好的宣传与推广作用。

🔵 少量白色的点缀，中和了青色的跳跃与亮眼，同时也丰富了工作证设计的细节效果。

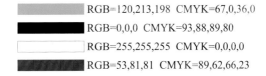

RGB=120,213,198 CMYK=67,0,36,0
RGB=0,0,0 CMYK=93,88,89,80
RGB=255,255,255 CMYK=0,0,0,0
RGB=53,81,81 CMYK=89,62,66,23

4.1.4　笔

随着电脑的迅速普及，现在人们已经很少用手来写字。因为手写速度比较慢，而且也不容易长久保存。但是在企业办公方面，一手漂亮的手写字体，不仅可以展现企业深厚的文化底蕴，同时写者也会给人留下深刻印象，很容易获得好感与尊重。

设计理念：这是 Sourcey.M 精品店品牌形象设计的铅笔展示效果。画面将企业标志文字印制在铅笔的最上方，十分醒目。整个设计简洁大方，体现出企业精致、时尚的经营理念。

色彩点评：整体以白色为主色调，给人以纯净、雅致的视觉感受。

🔵 黑色的标志文字，在白色的笔杆上方十分醒目，让人一眼就能看到，对品牌起到了积极的宣传与推广作用。

🔵 相同颜色笔筒的搭配，二者在视觉上和谐统一，更加突出了企业的简洁与纯净。

RGB=255,255,255 CMYK=0,0,0,0
RGB=0,0,0 CMYK=93,88,89,80
RGB=178,165,145 CMYK=34,35,42,0
RGB=223,223,223 CMYK=14,11,11,0

4.1.5　杯子

杯子是我们日常生活和工作中必不可少的东西。在办公场所杯子除了基本的功能之外，它更是企业品牌和文化传播的重要载体。因为这种杯子都是经过特殊设计的，用色为整个视觉设计的标准色，同时还印有企业标志。在使用的过程中或者作为赠品赠送他人，都可以很好地促进企业品牌的宣传与推广。

设计理念：这是 Click Qi 管理和咨询公司品牌形象设计的杯子展示效果。整个设计运用标准色为杯子的外观颜色，同时将标志印在杯身的中间位置，十分醒目。

色彩点评：两个杯子分别以紫色和红色为主色调，既凸显出企业的成熟稳重，同时又有年轻的活力感。

🔴1 白色的标志和红色的图案，在紫色杯身的衬托下十分引人注目，让人印象深刻。

🔴2 整个杯子的外侧和内侧用色不相同，在使用时给人一种颜色变换的视觉跳动感。

RGB=64,43,96　CMYK=87,99,42,8
RGB=196,67,83　CMYK=13,87,57,0
RGB=255,255,255　CMYK=0,0,0,0

4.1.6　光盘

光盘是以光信息作为存储的载体并用来存储数据的一种物品。在科技发展迅速的今天，大多数信息我们都是直接存储在云端，很少将信息存储在光盘上。因为光盘信息的播放需要使用特定的载体，局限性比较大。但在企业办公中还会被大量使用，特别是在企业用书的光盘录制，这样不仅可以体现出企业的专业与真诚，同时也可以将信息进行保存。

设计理念：这是越南 Gbox 工作室精彩 VI 设计的光盘展示效果。特殊的光盘包装造型，在折叠之后可以将光盘很好地保存，创意十足。体现出工作室的独特个性与年轻时尚感。

色彩点评：以黄色调为主，整个包装设计给人以活力与希望的视觉冲击。

🟡1 黄色的光盘和同色的包装，让二者完美地融为一体。凸显出工作室和谐统一的文化氛围。

🟡2 深色的标志在纯色的光盘中十分醒目，让人一眼就能看到，对品牌具有很好的宣传与推广效果。

RGB=224,200,48　CMYK=15,22,92,0
RGB=248,229,99　CMYK=5,11,72,0
RGB=88,71,25　CMYK=63,68,100,34
RGB=44,44,44　CMYK=81,77,75,55

办公用品设计技巧——增加视觉上的稳重与高雅

办公用品的设计制作应充分体现强烈的统一性和规范化，表现企业的精神，同时也要形成严肃、完整、精确和统一规范的格式，因为这样一方面可以在视觉上给受众一种稳重与成熟的视觉体验，增强其对企业的信任感与好感度；另一方面也展示出现代办公用品的高度集中和文化向各领域渗透与传播的攻势。

这是波兰摄影师 Kamila Buturla 个人形象设计的信封与信纸展示效果。整个设计以深色调作为主色调，彰显出摄影师个人的稳重。而白色的点缀，增加了整个设计 IDE 的时尚与动感。

这是服务于娱乐与创意产业的 13 Devils 设计公司的品牌形象设计。该光盘的设计方式，一改传统的纸质包装，采用以木材为原料。创意十足，同时又具有一定的复古与雅致情调。

配色方案

双色配色

三色配色

四色配色

设计赏析

4.2 企业外部建筑环境

　　企业的外部建筑环境是企业对外宣传的门面，是一种公开化、有特色的群体设计，它彰显品牌的外貌特征。

　　外部建筑环境设计主要包括：公司旗帜、路标指示牌、企业门面、建筑造型等。通过这些外部的建筑环境，不仅可以为受众带来清晰的识别效果，同时也是企业文化传播的载体与情感的寄托。

特点：

◆　具有强烈的品牌识别度。

◆　具有引导、指示作用。

◆　美化外部环境，塑造美感。

◆　在视觉上获得受众的好感与信任。

4.2.1 公司旗帜

　　旗帜上面通常都有公司名称或公司标识，有的与国旗一同悬挂在企业门口，并低于国旗。让人们在远处即可注意到企业信息，具有十分浓厚的存在价值。企业旗帜是企业中较有代表性的象征标志，它蕴含着企业气质，彰显企业文化理念，体现企业精神风貌，展示企业个性特色，对于企业具有十分重要的意义。

　　设计理念：这是挪威 Friele 集团品牌形象设计的旗帜效果。在深色背景下，旗帜上方的标志缩写首字母，让人在远处就可以清楚地看到。

　　色彩点评：整体以深灰色为主色调，凸显出企业的成熟与稳重。标志字母的圆形底色与旗帜下方的颜色一致，具有统一协调性。

　　① 深色的标志字母在不同颜色的圆形衬托下，十分醒目，对品牌有很好的宣传作用。

　　② 旗帜最下方的白色文字，既起到对标志的解释说明作用，又丰富了整个旗帜版面的细节效果。

　　■ RGB=45,45,45　CMYK=81,76,74,54
　　■ RGB=93,95,159　CMYK=74,67,12,0
　　■ RGB=118,170,172　CMYK=67,18,36,0
　　■ RGB=174,162,148　CMYK=35,36,40,0

4.2.2 路标指示牌

　　路标指示牌在我们的日常生活中随处可见，一旦我们找不着地方或方向，就可以通过路标指示牌来解决。对于一个企业来说，设置明确的路标指示牌不仅可以让受众及时找到自己想去的地方，同时也可以让企业有非常明显的辨识度。

　　设计理念：这是芬兰 Serlachius 博物馆导视系统设计的卫生间指示牌，以简笔画的形式将箭头所指方向的地方性质生动形象地显示出来。

　　色彩点评：选用棕色作为每个立体简笔画的主色调，既将指示牌清楚地显示出来，又体现出博物馆的高雅与深厚的文化内涵。

　　① 浅色的墙面色，将博物馆的精致格调又增添了几分色彩。

　　② 指示牌设置在墙体的转角位置，无论在哪个方向都能清楚地看到。

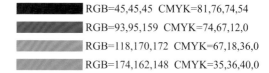

　　■ RGB=139,118,81　CMYK=49,56,80,4
　　■ RGB=197,189,181　CMYK=25,25,26,0
　　■ RGB=169,169,177　CMYK=39,31,24,0

4.2.3 企业门面

企业门面可以简单理解为公司的门口、大厅，甚至一个店铺的铺面等，往往可以给人以整洁、舒适的第一视觉印象，同时也可以展现企业的服务态度与环境氛围。因为企业呈现的门面状态是人们对一个企业了解的第一步，只有第一步的成功塑造，才可以让企业在受众心目中留下良好的印象，同时促进企业形象的传播。

设计理念：这是 EASY SOUP 健康快餐连锁店视觉识别设计的店铺门面展示效果。整个设计简洁大方，宽敞明亮，体现出企业的年轻与活力。

色彩点评：采用绿色为主色调，将食品健康干净的特性凸显出来。同时也有助于缓解人们在商场中的视觉疲劳，给人以清新、明快之感。

❶ 标志中黄色的点缀，为单调的绿色增添了一丝动感与亮丽的色彩。

❷ 白色的店面柜台与绿色标志相结合，更加凸显连锁店的时尚与健康。

RGB=90,159,59 CMYK=79,16,100,0
RGB=245,238,109 CMYK=10,4,69,0
RGB=255,255,255 CMYK=0,0,0,0

4.2.4 建筑造型

建筑造型是一个企业的整体外在形象。一个有个性与自身特点的建筑造型，不仅可以让企业在众多的建筑群当中脱颖而出，同时也可以成为该地方的一个建筑坐标，非常有利于企业品牌与形象的宣传与推广。

设计理念：这是 Little Talk 咖啡馆个性品牌形象设计的建筑造型。整个建筑外观为不规则的折线造型，一改传统建筑的水平屋顶，创意十足。

色彩点评：灰色的水泥墙，给人以沉稳、厚重的视觉体验，同时也凸显出咖啡馆独特的文化氛围。

❶ 屋内橘色系的灯光，虽然不是太亮，但却足够将屋内的布置显示清楚。同时又烘托出一种温馨之中带有淡淡复古情调的视觉氛围。

❷ 建筑外面的桌椅摆设，既可让人在傍晚时分悠闲静坐，享受片刻的静谧时光，同时也不会让门外显得过于空旷。

RGB=120,118,123 CMYK=61,53,46,0
RGB=154,96,50 CMYK=40,71,94,3
RGB=36,38,44 CMYK=86,82,71,57
RGB=255,255,255 CMYK=0,0,0,0

企业外部环境设计技巧——合理运用颜色打造醒目视觉效果

在建筑外部环境中，如果建筑本身没有特点，同时其他设施颜色又比较暗淡，那么就会导致其辨识度不高，会经常被人们所忽视。所以在企业中想要将建筑外部形态与内涵完美地体现出来，通常会采用亮丽的颜色塑造主体，这样既可吸引受众目光又可以抒发企业情感。

这是 Las Toscas 购物中心导视设计的指示牌效果。通过红、蓝两种冷暖不同颜色的对比，将不同的方向清楚地显示出来，十分醒目，标识上方的文字，则起到了解释说明的作用，整个设计相当人性化，为受众提供了极大的便利。

这是复古怀旧风格的 Prime Pizza 比萨连锁店的店面设计。门头采用颜色明纯度较高的红色为主色调，具有很好的视觉传播效果，让人在很远的地方就能看到。而经过设计的白色文字，将店铺性质呈现出来，同时也凸显出店铺干净雅致的经营理念。

配色方案

双色配色

三色配色

四色配色

企业外部环境设计赏析

4.3 企业内部建筑环境

　　建筑内部环境就是在设计时将品牌识别标志设置于室内环境之中，从根本上塑造、渲染、传播品牌识别形象，并充分体现品牌形象的统一性。同时需注意的是要以基础符号系统中的要素组合为基础，结合标志的主要内容，因地制宜地与周围环境相协调，以获得简洁醒目的视觉效果。

　　内部建筑环境指示设计主要包括：企业的形象招牌、楼层标识牌、各部门标识牌、照片墙、吊牌等。这些设计要想更好更快地推动企业发展，就必须将建筑内部环境与企业信息相融合，突出企业的整体特色，同时将信息无形中传播给受众。

　　特点：

◆　　展现企业的和谐性与统一性。

◆　　指示性强，能提高公众认知度。

◆　　具有很强的辨识度。

4.3.1 形象招牌

企业形象招牌是指在企业内部将标志进行放大等处理后,在墙面或者某处体现的标识。消费者不仅可以从中获取一定的视觉认知,而且也可以适当地了解到企业的经营状况。

设计理念: 这是巴勒斯坦 Qada 品牌 VI 设计的形象招牌墙设计。整个会客室的墙面只有标志,十分醒目,可以让其直接进入客人的视线之中,对企业品牌有很好的宣传与推广作用。

色彩点评: 标志图案以蓝色为主色调,搭配白色的文字,凸显出企业简约精致但却不失高雅与时尚的经营理念。

❶ 浅灰色的墙面,既起到隔断空间的作用,给人以一定的安全感,同时也将标志十分突出地衬托出来。

❷ 标志下方的英文字体是对主体标志文字的解释与说明,同时也让墙面的细节效果更加丰富。

RGB=97,172,221 CMYK=73,16,10,0
RGB=255,255,255 CMYK=0,0,0,0
RGB=206,201,186 CMYK=22,20,71,0

4.3.2 楼层标识牌

楼层标识牌通常在应用中设计简洁、版面清晰,位于醒目且便于观看的地方,使人一目了然,一般不会随意改动位置或信息,具有较强的持久性。是建筑内部环境中不可分割的一部分,具有很强的服务性和引导性。

设计理念: 这是 Presidential 酒店品牌形象设计的楼层标识牌。在独特的金属外观造型中,楼层数字十分醒目,而且摆放位置适中,让人一眼就能看到。

色彩点评: 整体以银色为主色调,除此之外没有其他多余的色彩,凸显出酒店的高贵与奢华。

❶ 标识牌上方以灵动的曲线代替呆板的直线,给人在视觉上呈现出一定的动感。大号字体的楼层数字,则给人提供了明确的位置信息。

❷ 将酒店标志图案摆放在标识牌最下方,既可以对品牌进行很好的宣传,同时也丰富了标识牌的细节效果,不至于太过空空荡荡。

RGB=238,239,233 CMYK=9,5,10,0
RGB=140,137,105 CMYK=52,44,63,0
RGB=189,182,151 CMYK=30,27,43,0
RGB=154,154,155 CMYK=45,37,34,0

4.3.3 各部门标识牌

部门标识牌应用在企业内部，它与部门周围环境相融合。在设计中既要能够很好地体现出部门特点，展现部门工作方向，同时也要体现出企业的规范性与统一性。使各部门在体现自己特色的同时，也要融入品牌文化与理念，使其与整体应用系统相协调。

设计理念：这是 Werkheim Uster 办公室标牌导示设计。指示箭头的颜色和材质与旁边门相一致，具有协调统一性。同时深色的箭头在浅色墙面的衬托下十分醒目，具有很好的指示说明效果。

色彩点评：以褐色为主色调，给人以沉稳、成熟之感。同时也凸显出企业较为深厚的文化底蕴和严格有序的管理制度。

🔵 白色的文字，在褐色背景衬托下让人一眼就能看到。而且每个信息单独成行，具有很好的辨识度。

🔵 以箭头作为每个部门具体方向和信息的分割线，简洁明了。

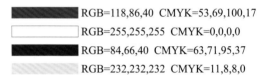

RGB=118,86,40 CMYK=53,69,100,17
RGB=255,255,255 CMYK=0,0,0,0
RGB=84,66,40 CMYK=63,71,95,37
RGB=232,232,232 CMYK=11,8,8,0

4.3.4 照片墙

照片墙是指挂在一面墙上展示的照片。在一个企业当中制作照片墙，可以将本企业的获奖情况、技术发明、员工风采甚至一些装饰性的照片进行展示，这样不仅可以让人感受到企业的精神面貌，同时也给人以真实的信赖感。

设计理念：这是 Pi 创意工作室 VI 形象设计照片墙一角的展示效果。整齐有序的排列，突出了工作室严谨有序的工作氛围。而照片展示的内容则给人以其创意十足、充满年轻与活力的视觉体验。

色彩点评：以红黑为主体色调，看似不规则的几何图形，却在无序中给人以另类的美感，凸显出工作室的独特个性与时尚风格。

🔵 白色的相框底色，将相片内容十分醒目地衬托出来，给人以视觉上的冲击。

🔵 木质的相框材质，为整个照片墙增添了一丝温暖与沉稳。

RGB=8,8,8 CMYK=92,87,88,79
RGB=191,15,24 CMYK=15,99,100,0
RGB=255,255,255 CMYK=0,0,0,0

企业内部环境设计技巧——用标准字体突出强化主体

企业一般应给人以严谨、稳重的印象。而这种印象的塑造，最基本的就是通过统一规范的标准字体。因为它是企业视觉识别系统中最重要的部分之一，在设计中无须绘制图案便能将企业信息准确无误地传播给大家，简洁且有说明性，诉求力极强。

这是 Moscow Urban Forum 莫斯科城市论坛视觉形象设计的形象招牌。简单规整的黑色文字，将信息直接明了地传达出来，让人一目了然。而文字上方不规整的浅绿色折线装饰，突出了城市论坛的活跃性，同时也让整个招牌的细节效果更加丰富。

这是 Fino Grao 咖啡店品牌形象设计的照片墙展示效果。简单直接的黑白文字，在照片底图的衬托下十分醒目，让人一眼就能接收到信息。同时文字的颜色与照片相框颜色相一致，具有和谐统一性。体现出咖啡店稳重又不失时尚的经营理念。

配色方案

双色配色

三色配色

四色配色

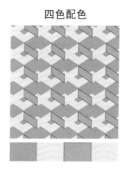

企业内部环境设计赏析

4.4 交通工具

交通工具作为我们每天都要接触的物品，具有流动性强的特点。其主要包括轿车、面包车、大巴士、货车、工具车、油罐车、轮船、飞机等。

交通工具在进行设计时，一方面要注意企业标志的完整性，另一方面要注意人的视觉规律。人在行走时视力会下降 1/3；乘坐交通工具时运动速度如果以每秒 2 米来计算，则视力会下降大约 20%。因此文字和图形应简洁、明了、完整，要易于记忆，不宜过小或者过于烦琐，否则会适得其反。

特点：

◆ 具有极强的流动性。

◆ 公开化传播企业形象。

◆ 不同车型给人不同的视觉印象。

◆ 色彩明亮，构图简洁明了。

4.4.1 面包车

面包车比汽车稍大一些，也更加实用。在设计车身图案时，可以使用品牌标准图案进行装饰，同时再搭配一些辅助图形，也可以将企业标志和名称进行突出显示，将品牌宣传效果发挥到最大化。

设计理念：这是复古风格的 Norma 餐厅品牌形象设计的面包车车身图案效果。整个设计以企业标准色为车身的外观颜色，同时将标准图案和标志完整地摆放在车身前方和后侧。使其在移动过程中呈现，带给人清晰准确的视觉效果。

色彩点评：以黑、白和红为主色调，呈现出面包车完美的立体感。特别是红色的运用，凸显出餐厅浓浓的复古格调。

🔴 两侧的红色将黑色人物图案很清楚地显示出来，二者相结合凸显出企业的高雅与时尚。

🔴 白色的标志文字在黑色车盖的衬托下，十分醒目，让人一眼就能看到，具有很好的宣传效果。

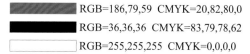

RGB=186,79,59 CMYK=20,82,80,0

RGB=36,36,36 CMYK=83,79,78,62

RGB=255,255,255 CMYK=0,0,0,0

4.4.2 货车

货车是一种为运送货物而设计的商用车，体型较大。主要分为重型和轻型两种，行驶时较其他车辆相比最为显眼，并且货车具有相对固定的运输地点和路程，是一种很好的流动广告载体。通常车体上传达出的信息一般为品牌标准图案或标志，让人看后在脑海中立刻会浮现出品牌形象，具有很高的辨识度。

设计理念：这是澳大利亚 Inten 建筑装修公司品牌形象设计的货车效果。以品牌标准色为车身颜色，同时将标志文字以矩形长条的形式充满整个车身，具有很高的识别度。

色彩点评：整体以明纯度较高的橘色为主色调，凸显出企业将安全放在首位的经营理念。而中间的部分深灰色则凸显出企业的稳重与成熟。

🟠 独特造型的企业标志在车身颜色衬托下，十分醒目，对品牌具有很好的宣传效果。

🟠 中间部分白色的点缀，既将企业的网页地址显示出来，同时也让整个车身的细节设计更加丰富。

RGB=225,202,76 CMYK=15,22,81,0

RGB=59,59,59 CMYK=78,72,70,41

RGB=255,255,255 CMYK=0,0,0,0

4.4.3 飞机

飞机与其他交通工具不同，只有在我们乘坐的时候才能接触到与其相关的各种信息。所以要想被人们记住甚至留下深刻印象，那么在设计时就必须做到色彩强烈、文字醒目。只有这样才能够最大限度地发挥视觉刺激作用，获得流动广告的品牌宣传效果。

设计理念：这是 Air Brazil 巴西航空公司品牌形象设计的飞机内部效果。将企业飞机造型的标志直接印制在座椅背部上方位置，刚好印在乘客乘坐在座位上的视线范围之内。

色彩点评：座椅以灰色为主色调，将橘色的标志图案和其他同色系的物件凸显出来，十分醒目，让人一眼就能看到。

🔶 独特的橘色飞机造型标志，在座椅背部非常醒目，对品牌有很好的宣传作用。同时也体现出企业注重安全的文化理念。

🔶 飞机员工服装以标准色为主色调，凸显出企业的严格规范与统一协调性。

RGB=183,183,183　CMYK=32,25,24,0

RGB=234,203,51　CMYK=9,23,89,0

RGB=81,81,77　CMYK=73,65,67,22

4.4.4 大巴士

大巴士是城市的公共交通，具有低碳环保，流动性强的优点。一般巴士站点流通人群较多，在车体上绘制品牌形象标识极易引起人们的注意，很容易留下瞬间性记忆，在不经意间建立企业形象，具有潜移默化的效果。

设计理念：这是米罗博物馆 40 周年视觉形象设计的大巴士车体广告。通过简单的文字装饰，将信息明确地传达出来，很容易给观者建立信息印象。

色彩点评：采用橘色为主色调，整个画面十分醒目，让人很难不去观看。

🔶 洋红色的文字色彩艳丽，给人以视觉上的跳动感，同时也凸显出博物馆的满满活力。

🔶 白色的文字，既表明了年份信息，又丰富了画面的细节效果。

🔶 整体版式简洁明了，将最重要的年份文字放在整个版面最上方，将重点十分明显地突出出来。

RGB=253,242,125　CMYK=7,4,60,0

RGB=217,194,66　CMYK=18,24,85,0

RGB=255,255,255　CMYK=0,0,0,0

交通工具设计技巧——利用明度来吸引眼球

　　运输工具应注重颜色的合理搭配，明亮的色调不仅会让人耳目一新，营造出一种舒适、美妙的视觉氛围；同时也可以将品牌形象很好地进行宣传与推广。但是如果搭配不当反而会造成眼花的效果，甚至会在行驶中影响其安全性。所以如何将交通工具设计得醒目却不花哨是至关重要的，同时也是其精髓所在。

　　这是 ECOWASH 汽车清洗品牌形象设计的面包车展示效果。将品牌标志图案印在车身后侧，在银色车身的衬托下，十分醒目。而青、蓝、绿三种颜色给人以干净、舒适的视觉体验，刚好与企业的经营性质相吻合。蓝色的标志文字在车门部位，十分醒目。

　　这是 Wilde 红酒品牌形象设计的小型货车效果。在黑色车身的映衬下，浅橘色的手写标志文字，十分醒目，让人在很远的地方就能看到，对品牌有积极的宣传与推广作用。整个车身除了文字之外没有其他多余的装饰，信息简洁明了，让人印象深刻。

配色方案

双色配色

三色配色

四色配色

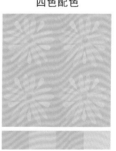

交通工具设计赏析

4.5 服装服饰

　　统一协调的服装服饰设计，可以让员工有较强的归属感与荣誉感，同时也会提高其责任意识。所以在进行设计时，要严格按照企业制定的规范与法则，因为不同岗位有不同的着装要求。服饰主要包括：经理制服、管理人员制服、员工制服、礼仪制服、文化衫、领带、工作帽、纽扣、手帕等。

　　企业服饰系统设计的目的是为了形成企业统一的文化特色，这样不仅可以增强企业内部的凝聚力；同时对外也可以形成一个完整的企业形象。

特点：

◆　能提高员工整体荣誉感。

◆　体现企业形象的统一性。

◆　能够规范企业纪律。

◆　具有独特的个性与风格。

4.5.1　员工制服

在应用系统中,员工制服设计能严格规范企业纪律,并增强员工的归属感与责任感。这种设计大体包括职业套装工作服、马甲工作服、衬衫工作服等。每款员工服饰都应将企业元素融入其中,而且不同职务的员工有不同的服饰,这样不仅可以彰显企业的经营管理制度,同时也给受众提供了明确的分辨信息,让受众知道自己遇到问题时,应该找谁来解决。

设计理念:这是 El Kapan 海鲜和烧烤餐厅品牌形象设计的厨师服饰展示效果。制服采用双排扣设计,给人以简洁大方的时尚感。将餐厅标志统一印在纽扣中间部位,体现出企业的严格规范与井然秩序。

色彩点评:整个制服以白色为主色调,将餐厅的干净、整洁完美地展现出来。同时也体现出企业注重安全的经营理念。

❶ 深色标志在白色衣服衬托下,十分醒目,让人一眼就能注意到,可以让员工产生很强的责任感。

❷ 此款工作服设计宽松得体,让员工在工作时可以有舒适的穿着体验。

RGB=255,255,255　CMYK=0,0,0,0
RGB=39,39,39　CMYK=83,78,76,59
RGB=164,141,110　CMYK=39,47,58,0

4.5.2　文化衫

文化衫一般是指在衣服上印制穿着者自己喜欢的图案或文字,也可称为 DIY T 恤。就企业文化衫来说,就是在 T 恤上印制出经过特殊设计的企业图案或标志,通过服饰来传播企业的文化特征和经营理念。

设计理念:这是 Dany Eufrasio 美发沙龙品牌形象的文化衫设计。简单大方的设计,凸显出企业注重员工的穿着舒适度,与统一有序的管理理念。

色彩点评:整个文化衫以黑色为主体色,既将标志凸显出来,又给人以企业专注的服务态度。

❶ 橘色系的简笔画人物头发造型图案,创意十足。让人一看就知道企业的经营性质。同时也给整个设计增添了稳重与时尚。

❷ 白色的标志文字在图案右侧十分醒目,在深沉的黑色中增添了一抹亮丽的色彩,同时对品牌也有很好的宣传与推广作用。

RGB=35,36,39　CMYK=85,80,75,60
RGB=255,255,255　CMYK=0,0,0,0
RGB=193,167,93　CMYK=27,36,72,0

4.5.3 工作帽

一顶娇小的员工帽，却具有非比寻常的意义。在企业当中它不仅关系到职工的安全，还关系着产品质量。安全就是生产，生产就是安全。不同样式的工作帽体现着不同的工作性质，其种类繁多，有鸭舌帽、前进帽、报童帽、贝雷帽等。它既能起到头部保护作用，又能免去头发不受灰尘的污染。尤其是餐饮行业，佩戴工作帽既是企业严格要求的体现，同时也是干净、卫生的象征。

设计理念：这是 VSA 建筑公司品牌形象设计的安全帽展示效果。以鸡蛋壳的受力原理为基础，整体受力均匀，同时顶部的排风口设计，保证了该安全帽具有良好的透气性能。

色彩点评：以黑色为主色调，凸显出企业稳重、成熟的文化理念。而橘色的添加，给人以警惕的心理暗示，能使施工者提高注意力与安全意识。

① 企业标志图案在黑色的帽子上方充分运用，十分醒目，对企业品牌具有很好的宣传与推广作用。

② 整个安全帽设计简洁大方，没有多余的色彩与装饰，体现出企业的专注与严谨。

RGB=52,52,52 CMYK=80,74,72,47
RGB=210,79,18 CMYK=4,82,99,0

4.5.4 围裙

围裙主要就是在做饭或者干活时，防止脏东西沾到衣服上的一种保护措施，主要运用于餐饮行业、儿童绘画或者手工制作等机构。虽然用到的企业不多，但也是必不可少的。尤其是餐饮行业，一个简单的围裙，既可以让员工保持干净与卫生，同时也可以体现出企业的统一着装要求，给人以严格规范的视觉印象。

设计理念：这是 Fino Grao 咖啡店品牌形象设计的围裙展示效果。将人除了胳膊之外的其他部位都可以遮挡住，具有很好的保护作用。而左下方的口袋设计，可以很方便地让员工放置纸笔等小物件。

色彩点评：整体以黑色为主色调，具有较强的耐脏性。同时也将标志和口袋部位的图案凸显出来，对品牌进行有效宣传，体现出企业的统一性与规范性。

① 标志中红色的点缀，为整个围裙设计增添了一抹亮丽的动感。而黑白的文字与圆形，具有聚拢感。

② 口袋部位的图案，既表明了企业的经营性质，同时又丰富了整个围裙的细节装饰效果。

RGB=12,12,14 CMYK=92,87,86,77
RGB=255,255,255 CMYK=0,0,0,0
RGB=172,51,34 CMYK=27,93,100,0

服装服饰设计技巧——巧妙融入企业元素

　　在对服装服饰系统进行设计时，将企业元素巧妙地融入其中，一方面可以提升员工的精神面貌，让其有集体责任感；另一方面也可强化企业的经营管理理念。同时还可以将服饰转为信息，让受众感受到企业的文化氛围，甚至增强其对企业的信任感与好感度。

　　这是 Alight 照明设备管理租赁公司品牌形象设计的员工服饰展示效果。画面以卫衣作为员工服饰，体现出企业年轻时尚的文化理念。将青蓝渐变的标志图案印在服饰的中间位置，十分醒目，让人一眼就能注意到。促进了品牌的宣传与推广。

　　这是 METRO 地铁商店专供葡萄酒品牌形象的围裙设计效果。浅色的围裙背景，将企业标志很好地凸显出来。特别是人物手拿酒杯的图案，直接表明企业的经营性质。一抹红色的点缀，为整个围裙增添了亮丽的动感，十分引人注目。

配色方案

双色配色

三色配色

四色配色

服装服饰设计赏析

4.6 产品包装

产品是企业的生命线，最基本的就是要保证产品质量与功能，以满足日益变化的消费者的需求，但产品的包装与造型也是不容忽视的。因为产品包装不仅起着保护商品的作用，同时也代表该产品的品牌形象。特别是高档产品的包装，还象征着购买者的身份与地位。产品包装主要包括纸质包装、木质包装、金属包装、玻璃容器包装、陶瓷包装等。

特点：

◆ 包装材质具有明显的分辨特征。

◆ 具有独特的个性。

◆ 具有较强的可读性。

4.6.1 纸质包装

纸质包装包括纸盒包装、纸袋包装等，是现在市场上最多的包装材质。因为这种包装不仅给消费者的携带提供了便利，同时原材料也比较容易获得。但需要注意的是，要想在众多的纸质包装中脱颖而出，除了必须在外形上展现个性之外，还要有鲜明的配色与统一的视觉效果，只有这样才能吸引消费者的注意力，并展现企业的文化与风采。

设计理念：这是 Botanical 咖啡品牌形象设计的外送手提纸质包装效果。该包装采用对称的设计方式，将咖啡杯子放在整个包装的中间镂空部位，而将其折叠起来后顶部又留有手提位置，十分人性化。

色彩点评：以绿色为主色调，给人以稳定、高雅的视觉体验，同时也凸显出企业注重食品安全经营理念。而咖啡杯子上的淡粉色则给人以温和之感。

① 深绿色的标志文字，不算突出，但却让人一眼就能看到，给人以稳重、端庄的视觉感受。

② 顶部不同明纯度绿色植物的点缀，为整个包装增添了满满的活力与动感。

RGB= 76,133,112 CMYK= 83,35,65,0
RGB= 240,234,231 CMYK= 6,9,8,0
RGB=233,231,140 CMYK=15,6,56,0
RGB=97,169,142 CMYK=76,12,55,0

4.6.2 木质包装

木质包装不经常用，因为包装框架需要手工制作，比较费时费力，多用在运输密封不需要很严密的产品上。特别是一些酒水，经常采用经过特殊处理的木质包装。这样不仅可以增加产品的奢华与高雅之感，同时也可以体现出企业追求高档次的文化经营理念。

设计理念：这是墨西哥 The Food Field 有机食品店 VI 设计的木质包装效果。因为水果属于易腐烂食品，采用木质包装可以给其充分的透气空间，给长途运输提供了便利。

色彩点评：以橘色系为主色调，木质纹理，给人以天然健康之感，突出了店铺有机食品的经营性质。

① 白色的标志文字，说明了木质包装框里产品的性质，同时也增加了包装的细节感。

② 整个包装较为简单，但尽显自然的原始风貌。

新鲜的橙子给人以满满的活力。

RGB= 197,155,71 CMYK=22,44,81,0
RGB=255,255,255 CMYK=0,0,0,0
RGB= 235,208,99 CMYK= 9,22,70,0

4.6.3 金属包装

金属包装就是以各种金属为材质，将其加工设计成合适的尺寸，将产品放置其中。金属包装能够防止产品变潮，而且也能够对易碎、易漏产品起到一定的保护作用。由于金属包装盒可以进行长时间的保存，因此对品牌具有很好的宣传与推广效果。

设计理念：这是 Matchaki 绿茶抹茶品牌形象设计的金属包装盒展示效果。带有圆弧的立体方形设计，既可以将信息明确地显示出来，同时又给人以舒适和缓的视觉体验。

色彩点评：整体以深绿色为主色调，搭配少量的浅绿色，凸显出企业深沉、平静但却不失活力的文化氛围和经营理念。

① 白色的文字和背景，将产品信息直接明了地显示出来，让消费者一目了然。

② 浅绿色标志图案的装饰，既体现出企业健康自然的产品追求，同时也丰富了整个包装的细节效果。

RGB=40,65,54 CMYK=91,64,82,42
RGB=106,164,83 CMYK=73,16,89,0
RGB=255,255,255 CMYK=0,0,0,0

4.6.4 玻璃容器包装

玻璃容器包装在日常生活中被广泛应用，特别是在酒类方面，在受众饮用的时候不经意间将产品信息传输到大脑，在潜移默化中增强对产品的印象。而且在保护产品的同时还能有效防止氧化，这也是相对其他类型包装的显著优点。但是玻璃容器包装也存在回收困难而且不易降解的问题。

设计理念：这是 Yellow Kitchen 餐厅品牌形象设计的一款饮料玻璃容器包装。将产品直接放置进不大的玻璃容器中，刚好够手掌大小，为打开瓶盖提供了便利。

色彩点评：玻璃容器是透明的，将内部的黄色食品展现出来，让人垂涎欲滴。而外部的橘色包装则展现了企业注重安全同时又不失时尚的经营理念。

① 经过特殊设计的标志文字，将刀和叉融入其中，让人一看就知道产品性质，创意十足。

② 小图案的装饰，让整个包装不会显得过于单调，同时也凸显出企业即使在细节上也要追求高雅的文化理念。

RGB=235,227,71 CMYK=15,8,84,0
RGB=183,145,34 CMYK=31,47,100,0
RGB=255,255,255 CMYK=0,0,0,0

产品包装设计技巧——营造精致高雅的视觉氛围

随着人们生活水平的提高，在购买产品时除了要看最基本的产品说明信息之外，产品整体包装的格调也是重点考虑对象。因为有格调的产品包装会更加吸引消费者的注意力，在视觉上营造一种精致高雅的氛围，从而带给消费者一种良好的视觉体验效果。

这是希腊 Meraki 油和醋品牌形象设计的产品包装。整个包装以白色为主色调，给人以纯净、高雅的视觉感受。而且少量蓝色的点缀，既丰富了包装的细节效果，同时又凸显出企业精致时尚的文化理念。

这是 3Cokoa 巧克力品牌 VI 形象设计的纸质包装盒展示效果。包装盒以金色为主色调，将企业奢华、高雅的格调一下就凸显出来。而内部巧克力的黑色包装，则给人一种沉稳与大气之感。

配色方案

双色配色

三色配色

四色配色

产品包装设计赏析

4.7 广告媒体

　　广告媒体日渐增多，越来越普及。企业选择各种不同的媒体对外宣传，是现代企业传达信息的主要手段。常用的广告媒体主要有电视广告、网络广告、杂志广告、路牌广告等。

　　企业广告整体策划时必须注重传播的连续性、贯穿性和统一性。由于新媒体传播都具有一定的时效性，在传播的过程中中断或者样式不统一，会增加受众的反感情绪。这样不仅达不到传播的目的，反而会适得其反。

　　特点：

◆　具有极强的宣传与引导作用。

◆　画面冲击感强。

◆　品牌标志具有很强的辨识度。

4.7.1 网络广告

随着互联网的迅速发展，人们每天都要花费一定的时间上网，而在浏览网页的过程中会看到各种各样的广告，如果想要自己的广告在众多的广告中脱颖而出，除了要有介绍产品、刺激消费的作用之外，还要使其能够在潜移默化中改变人们的举止、衣着、饮食习惯以及对时尚的追求。总体来说，就是要教会人们如何向往并适应新的生活方式。

设计理念：这是伦敦 RUH 女性时装品牌形象设计的网页广告。画面以模特为分割线，左侧对产品进行详细的介绍，而右侧的大面积留白，则为产品展示留下了足够的空间。

色彩点评：以浅灰色为主色调，将产品与文字清楚地显示出来，同时也凸显出企业高雅、时尚的经营理念。

🔘① 深色的标志在模特头部下方位置，让受众在不影响看衣服的同时，可以直接看到标志。

🔘② 左侧的橘色矩形条，为整个设计增添了一抹亮丽的色彩。

■ RGB=225,220,214 CMYK=13,13,15,0
■ RGB=197,125,50 CMYK=18,61,90,0
■ RGB=5,5,4 CMYK=93,88,89,80

4.7.2 路牌广告

路牌广告是在公路两侧，进行企业宣传的广告。它是户外广告的一种重要形式，也是企业文化传播的主要方式。路牌广告一方面可以根据地区的特点选择广告形式；另一方面，路牌广告还可以在不同的区域反复宣传，使受众印象深刻。

设计理念：这是 W.kids 语言学校品牌形象设计的路牌广告展示效果。画面以首字母 W 为外形，既将底部人物以不规则的轮廓显示出来，充满趣味性。同时又与右下角的其他字母组合成品牌标志，创意十足。

色彩点评：画面以绿色为主色调，凸显出企业充满年轻与活力的文化理念。而且绿色给人以充满希望与知识的视觉效果，与企业的经营性质相吻合。

🔘① 蓝色的标志文字，十分引人注目，对品牌的宣传与推广有积极的促进作用。

🔘② 人物橘色的衣服，与少量红色的点缀，让整个画面的活力与动感又增强了几分。

■ RGB=116,196,109 CMYK=70,7,78,0
■ RGB=46,60,136 CMYK=96,88,17,0
■ RGB=225,184,45 CMYK=11,33,91,0

广告媒体设计技巧——标志要足够鲜明

广告媒体的宣传，不仅是为了销售产品，最大的目的在于对品牌的宣传与推广。只有一个品牌深入人心，这个企业才可以长久存活下去。所以在广告设计时，除了要展示产品的独特功能与特性之外，也要将品牌标志摆放在尽可能显眼的位置，让人一眼就能注意到。以将广告媒体的作用发挥到最大。

这是 Click Qi 管理和咨询公司品牌形象设计的路牌广告展示效果。画面以洋红色和紫色为主体色，将说明性文字很好地衬托出来。特别是右上角微笑的人物造型，具有很强的亲和力。将标志摆放在右下角位置，而其旁边的留白，将其很好地凸显出来，十分醒目，让人一眼就能注意到。

这是 Litterbox 猫砂品牌 VI 设计的网页宣传广告。整个构图版式十分简洁，以一只猫扒一个箱子为主图，既将产品性质凸显出来，又具有很强的动感与趣味性。最上方的标志文字，运用不同的颜色，十分突出，对品牌有积极的宣传与推广作用。

配色方案

双色配色

三色配色

四色配色

广告媒体设计赏析

4.8 公务礼品

公务礼品是指企业在社交场所为了加强感情而赠送给对方的纪念礼品，以此表达谢意或祝贺。同时也是为了使企业更具人情味的一种表现手段，是 VI 设计应用系统中的重要组成部分。礼品通常包括雨伞、手提袋、钥匙牌、打火机、纪念徽章等，一般都带有企业名称和标志，在赠予过程中将企业信息传播出去。比如打火机中带有企业标志或图案，在吸烟的同时会注意到信息从而加深印象，是一种很好的自我宣传方式。

特点：

◆ 礼品简洁精美，突出品牌形象。

◆ 画面单一，却具有较强的说服力。

◆ 具有权威的典型性和代表性。

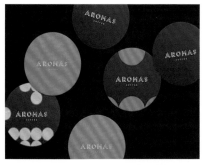

4.8.1 雨伞

雨伞是一种遮阳、遮雨或雪的工具，在我们的日常生活中是经常使用的。而作为公务礼品，通常会在伞布中印有企业标志或图案，将其作为礼物赠送给对方。当其在使用时就会想起企业形象，在潜移默化中对品牌进行宣传与推广，是企业扩大影响力的一种战略手段。

设计理念：这是 Litterbox 猫砂品牌 VI 设计的雨伞展示效果。将企业的标准图案印满整个伞布，既对雨伞起到装饰作用，同时也对品牌进行了很好的宣传与推广。

色彩点评：雨伞以橘色和褐色为主色调，暖色调的运用，给人一种亲切温和之感。同时也凸显出该猫砂品牌值得消费者的信赖。

❶ 将企业标准图案作为伞布的装饰物，在无形之中对品牌形象进行了宣传。

❷ 整个伞布设计简洁大方，没有多余的装饰物，无论是自用还是赠送他人，都是非常时尚的。

RGB=249,236,217 CMYK=1,11,16,0
RGB=102,58,22 CMYK=54,82,100,31
RGB=237,177,56 CMYK=1,40,85,0
RGB=30,31,34 CMYK=87,82,76,65

4.8.2 手提袋

手提袋是一种简易的袋子，制作材料有纸张、塑料等。在企业 VI 设计应用系统中，手提袋主要作为企业的包装袋。在盛放东西赠送给他人时，既能烘托企业形象又是企业记号化的形象代表，具有强烈的传播与美化作用。

设计理念：这是巴黎 Savin Paris 时尚服装店品牌形象设计的手提袋展示效果。上窄下宽的设计让手提袋具有很好的站立效果，不容易倾斜或歪倒。

色彩点评：以深蓝色为主体色调，将品牌的高雅与精致完美地烘托出来。同时也体现出企业走高端时尚路线的文化理念。

❶ 金色渐变的标志图案，在手提袋右下角位置十分醒目，让人一眼就能注意到。

❷ 同色系的标志图案作为整个手提袋的装饰物，既丰富了设计的细节效果，同时在使用过程中，对品牌又进行了宣传与推广。

RGB=52,53,66 CMYK=84,80,62,37
RGB=254,249,219 CMYK=1,3,19,0
RGB=218,177,140 CMYK=11,37,45,0

4.8.3 打火机

在人们的交往过程中，香烟似乎成为一种礼貌性问候，同时也是缓解尴尬的佳品。而在吸烟时打火机是必不可缺的用品，几乎每个吸烟者都会随身携带。若想让打火机引人注目，甚至作为开场白，那么就必须用别出心裁的设计引人注意，然后再对品牌形象进行延伸。

设计理念： 这是一款品牌 VI 形象设计的打火机展示效果。该打火机设计中规中矩，但其宽度刚好是男士手握打火时的指节长度，具有良好的手感，同时也凸显出企业的细致与贴心。

色彩点评： 画面以银灰色为主色调，给人以高雅精致的视觉感受。而黄色的添加，又营造了一种年轻与活力的氛围。

🔘 黄色的标志与文字，十分醒目，在使用过程中会忍不住多看两眼，极大地促进了品牌的宣传。

🔘 整个打火机设计十分有格调，会让使用者尽显成功男士的成熟与稳重。

■ RGB=107,107,108 CMYK=66,57,53,3
■ RGB=227,227,59 CMYK=20,5,88,0
■ RGB=56,51,31 CMYK=73,72,97,53
■ RGB=0,0,0 CMYK=93,88,89,80

4.8.4 围巾

围巾作为颈部保暖的装饰品，在寒冷的季节深受人们喜爱。它除了最基本的保暖功能之外，还具有很强的装饰性，特别能凸显一个人的穿衣打扮。而作为一个企业的公务礼品，围巾不仅能够在人们使用过程中对品牌进行宣传，在无形之中扩大企业的影响力，更能体现一个企业的温情与态度。

设计理念： 这是瑞典 Maldini 工作室 VI 形象设计的围巾展示效果。整个围巾比较简单，没有过多的装饰。而底部的流苏设计则打破了沉闷感，增加了一丝活力。

色彩点评： 以墨绿色和白色为主色调，凸显出工作室稳重、成熟但却不失年轻与时尚的文化氛围。

🔘 白色的标志文字，既作为装饰丰富了围巾的细节效果，同时也对品牌进行了一定的宣传。

🔘 围巾两面的底色和文字颜色刚好相反，给使用者带来很好的视觉体验。

■ RGB=25,42,38 CMYK=93,73,81,60
□ RGB=255,255,255 CMYK=0,0,0,0
■ RGB=226,224,219 CMYK=13,11,13,0

公务礼品设计技巧——注重实用性

在设计公务礼品时，除了要保证其美观、精致外，还要有一定的实用性。因为只有受众不断使用，才会在潜移默化中对企业留下深刻印象。如果一个物品没有使用几天就损坏掉，这样受众不仅不会因为这是赠品而感到可惜，反而会对企业制作物品的精细程度，甚至整个品牌的质量产生质疑。

这是俄罗斯罗蒙诺索夫私立学校 25 周年新版企业形象设计的手提袋展示效果。整个手提袋做工精良，特别是手提部位，采用加宽加厚的布料，非常结实。同时也凸显出学校稳重、成熟的教学理念，值得信赖。

这是一个企业设计的 stay-brella 雨伞。三角形式的伞柄，十分突出。这个简单的设计可以让使用者将伞很方便地挂在任何可以挂的位置。而且将伞撑开放在地上时，具有很好的固定作用。这个站立雨伞的设计，不仅非常实用，同时也让人对企业产生了深刻印象。

配色方案

双色配色

三色配色

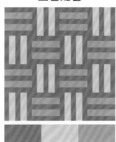

四色配色

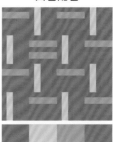

公务礼品设计赏析

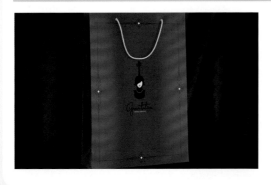

4.9 印刷品

印刷出版物品可以直接代表品牌形象，给受众以直观的视觉感受。在进行相应的设计时，一方面要有良好的视觉效果，同时排版要一致，即有固定的印刷字体和排版格式。最重要的是要将品牌标志安放在一个固定的区域，这样可以营造一种统一的视觉形象，进一步强化公众的整体印象。

在生活中，人们经常接触到的印刷品有宣传画册、产品简介、品牌简报、年历等。现如今，印刷品无论在我们的学习中、工作中还是生活中，都已成为不可缺少的一部分。

特点：

◆ 具有很强的识别性。

◆ 画面较为简单，视觉冲击力强。

◆ 具有严格的统一性和规范化。

◆ 是企业对外宣传的重要渠道。

4.9.1 宣传画册

在现代商务活动中，画册在企业形象推广和产品营销中的作用越来越重要。通过画册我们可以知道一个企业的经营性质，品牌的优劣性，提供服务的种类等，而高档的宣传画册还是企业或品牌综合实力的体现。

设计理念：这是 Tom Reid's 书店品牌形象 VI 设计的宣传画册展示效果。以书店内部的书架陈列作为版面主图，十分清晰明了。而顶部文字则起到了进一步的解释与说明作用。

色彩点评：页面以浅色调为主，尽显清新淡雅之感。书架上其他颜色的点缀，为整个版式增加了淡淡的色彩感。

🌑 版式顶部少量深色文字的排版，既让整个版式有稳定之感，同时也丰富了画面的细节效果。

🌑 右下角的标志图案，借助书店地面很好地凸显出来，对品牌宣传有积极的促进作用。

RGB=215,208,198 CMYK=17,18,21,0
RGB=146,138,122 CMYK=48,45,51,0
RGB= 134,80,84 CMYK=48,78,62,6
RGB= 31,31,33 CMYK=85,81,78,65

4.9.2 产品简介

产品简介是指以文体的方式对某个产品进行文字表述，使人认识、了解该产品，具有真实性、通俗性以及实用性等特点。在设计时一定要有相应的配图，因为图不仅可以吸引注意力，而且受众在阅读文字时也可以有一个参考对象。

设计理念：这是 Casa Silvestre 浪漫花店品牌形象设计的产品简介展示效果。整个版式一分为二，右侧为鲜花的实拍照片，而左侧则是对右侧鲜花的解释说明。版式设计虽然简单，但却清晰明了。

色彩点评：以白色为主色调，将花朵照片和文字很好地显示出来。特别是红色花瓣，给整个版面增添了色彩的动感，让人印象深刻。

🌑 将绿色的品牌标志摆放在左侧版面最上方的位置，十分醒目，而且颜色与花朵照片相呼应。

🌑 左侧文字排版整齐有序，标题文字与辅助文字中间有留白，让人在阅读时有一定的想象空间。

RGB=226,226,226 CMYK=13,10,10,0
RGB=40,57,49 CMYK=88,68,80,48
RGB=130,71,79 CMYK=49,83,64,8

印刷品设计技巧——版式要简洁清晰

印刷品整体版式设计的好坏，直接影响着人们的视觉效果。在应用系统中，干净、整洁、排列统一有序的版式，不仅有助于文字内容的传播，也有助于读者在阅读时集中注意力。从而增强画面的整体性与协调性，同时也可凸显出企业的文化理念和经营准则，十分有利于品牌的宣传与推广。

这是 Mally & Co 高档时装品牌 VI 设计的产品简介展示效果。左侧版面上半部分为产品的直观展示，而下方不多的黑色文字，对产品进行适当的解释与说明，同时也丰富了版面的细节效果。右侧为产品的模特展示，极大地增强了产品的视觉立体感。

这是 Kustom Hotel 精品酒店品牌形象的宣传画册设计。将酒店的实景拍摄照片作为主图，版面清晰明了，让人可以直观地了解到酒店的真实样貌。而左上角的少量文字，则对酒店进行了适当的说明，同时也增加了画面的稳定之感。

配色方案

双色配色

三色配色

四色配色

印刷品设计赏析

4.10 陈列展示

陈列展示常用于品牌营销活动。在设计时要突出陈列展示的统一性与整体感，以此来表现品牌风格。主要包括橱窗展示、展览展示、货架商品展示、陈列商品展示等。

陈列展示的目的就是为了吸引受众的注意力，所以在进行设计时，既要将产品信息尽可能展现出来，凸显品牌标志，同时也要具有一定的创意。可以是特殊的摆放造型，亮丽的颜色搭配，甚至是特殊的地理位置。

特点：

◆ 具有很强的品牌意识。

◆ 展示造型有很强的独特性。

◆ 商品排列整齐有序。

◆ 是一个店面的视觉重心点。

4.10.1　橱窗展示

橱窗在店铺陈列中发挥着至关重要的作用，因为店铺和品牌形象都要通过这个窗口向消费者传播。橱窗设计是否具有创意，是吸引顾客入店的主要因素。而且橱窗是店铺的眼睛，好的橱窗设计是提高店铺人气的有效手段。所以橱窗设计一定要独具特色，尽可能塑造自己品牌的完美形象。

设计理念： 这是 Under Skin 护肤品品牌形象设计的橱窗展示效果。画面将产品直接作为展示主图，十分引人注目。而在右下角放置真实产品，并且在顶部灯光的配合下，让整个橱窗独具特色。

色彩点评： 以浅色为主色调，凸显出产品的高雅与精致。而且顶部深色图案的装饰，不仅增加了画面的细节感，同时又具有稳定作用。

🔵① 品牌标志文字在产品的左上角位置，受众在观看产品时可以一目了然。

🔵② 产品后面紫色流动的液体，让橱窗展示极具动感，同时也向受众展示了产品的真实样貌。

RGB=229,229,229　CMYK=12,9,9,0
RGB=74,156,35　CMYK=64,75,96,45
RGB=172,160,168　CMYK=36,38,26,0

4.10.2　货架商品展示

货架商品主要用于展示，外观风格可优美活泼，可高贵典雅。由于其具有良好的装饰效果，所以可全方位展示出产品特征。货架商品展示还可装配日光灯、射灯等灯箱，而且展示货架的材质可以是金属、玻璃甚至是木质，根据实际情况的需要来进行选择。

设计理念： 这是 Lugard 糖果品牌视觉形象设计的货架展示效果。该货架以木质为原材料，将产品分门别类地摆放在合适的位置，整齐有序。

色彩点评： 以暖色调为主，凸显出糖果给人带来的愉悦与欢快之感。而且内部灯箱的配置，让这种氛围又增强了几分。

🔵① 不规则的货架展示平台，将产品清楚显示的同时，又给人以视觉上错落的动感。

🔵② 货架后面各种不同颜色图案的装饰，为整体增添了亮丽的色彩。

RGB=201,166,91　CMYK=69,52,32,0
RGB=248,234,119　CMYK=6,8,64,0
RGB=82,62,42　CMYK=63,73,91,39

陈列展示设计技巧——产品呈现整齐有序

陈列展示的目的就是为了将产品清晰明了地显示出来，所以说，最基本的要求就是做到整齐有序。将产品统一有序地展示，不仅可以给消费者在选择时带来便利，而且商品也可以很醒目地呈现在消费者眼前。再加上具有创意的品牌标志牌，从而在无形之中加大对企业形象以及品牌的宣传与推广力度。

这是 Strigo 时尚服装店品牌形象设计的店面橱窗展示效果。将服装通过模特直接呈现在消费者眼前，在路过该店面时可以很清楚地看到产品细节。整个橱窗没有其他装饰，简单有序。而且橱窗顶部的品牌标志文字十分醒目，具有很好的宣传与推广效果。

这是 Bibelot 甜点店视觉形象设计的产品货架展示。将货架分为大小一致的若干个间隔，在放置产品时可以获得视觉上的空间隔断效果。而且产品与产品之间有一定距离，既让产品整齐有序，同时也不会显得过于拥挤。

配色方案

双色配色   三色配色   四色配色

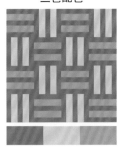
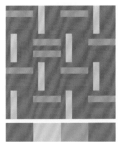

陈列展示设计赏析

第5章 企业形象 CI 设计的行业应用

企业形象 CI 设计是一个企业的灵魂所在。CI 设计的好坏，不仅直接影响着企业的整体效益，而且还会影响企业的文化理念。所以说，CI 是一种形象战略，它的设计是因为社会需求而产生发展起来的。要想企业长久地存活下去，就要随着受众消费观念、市场大环境、甚至是国情等发展变化而进行相应的改变。

企业形象 CI 设计的行业分类有很多种，大致可以分为：食品类、餐饮类、房地产类、服装类、互联网类、科技类、家居类、汽车类、化妆品类、奢侈品类、教育类、医疗类等。

特点：

◆ 食品类企业形象 CI 设计善于用鲜明的色彩激发人们的食欲。

◆ 餐饮类企业形象 CI 设计善于用精致的形象突出优雅时尚的内涵。

◆ 房地产类形象 CI 设计常用较深的颜色来凸显其稳重、值得信赖的特征。

◆ 服装类企业形象 CI 设计能够突出企业的特色与风格。

◆ 互联网类企业形象 CI 设计着重突出整体的动感与活力。

◆ 科技类企业形象 CI 设计多给人一种理性、睿智、神秘的视觉感受。

◆ 家居类企业形象 CI 设计多用温和的颜色来营造家的温馨氛围。

◆ 汽车类企业形象 CI 设计多具有独特的个性和自我观念。

◆ 化妆品类企业形象 CI 设计因不同的功能而具有不同的特点。

◆ 奢侈品类企业形象 CI 设计主要给人以高端奢华的视觉体验。

◆ 教育类企业形象 CI 设计重在突出教育的种类与服务对象。

◆ 医疗类企业形象 CI 设计主要清楚明了地展示治疗的主要方面。

5.1 食品类企业形象 CI 设计

如今食品类企业形象 CI 设计的种类有很多，想要让自己的产品在众多 CI 设计中脱颖而出，就必须最大限度地展现产品特性，即根据企业自身特点进行量身定做，用更夸张、更创意、更意想不到的手法来展现产品。

食品类企业形象 CI 设计按形态可分为液体与固体两种类型。液体类有水、酒、饮品、牛奶、果汁等。液体类的 CI 设计多展现其动态美。固体类的种类较为繁多，如休闲食品、农贸产品、膨化食品等，经常用鲜艳的颜色来尽量展现造型的美感。在进行设计时，不仅要注重画面的质感，还要注重产品味觉、视觉的有效传达，以及产品功能的准确表述。

特点：

◆ 画面富有动感与活力。

◆ 具有强烈的食欲刺激。

◆ 注重与受众之间的互动。

◆ 提倡展示效果的简约与大方。

◆ 色彩明亮鲜活。

5.1.1 用色明亮类的企业形象 CI 设计

用色明亮的企业形象 CI 设计强调用鲜艳的颜色来吸引消费者的注意力，同时最大限度地刺激其味蕾，使商品与消费者之间形成一定的互动。

设计理念：立体的大写字母既巧妙地突出了季节，也让深色的饮料在画面中十分显眼。而字母旁边的咖啡豆则间接地表明了饮料的口味。整个设计清新凉爽，创意十足。

色彩点评：

❶ 整个设计以蓝色为主色调，凸显出企业的清新与时尚。

❷ 黄色立体大写字母的摆放，为画面增添了一抹亮丽的色彩。同时将深色的饮料衬托出来。

❸ 浅色的标志和相应的说明性文字，在深色瓶身的映衬下十分清楚，让人一目了然。

■ RGB=74,0,14 CMYK=57,100,100,51
■ RGB=168,212,223 CMYK=46,2,16,0
■ RGB=324,228,83 CMYK=6,11,78,0
■ RGB=132,145,33 CMYK=59,36,100,0

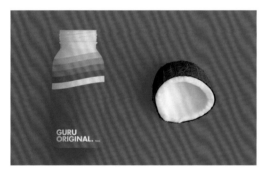

这是 GURU 益生菌饮料的品牌形象设计。整体以紫色为主色调，凸显出企业的与众不同。瓶身白色和淡紫色的前缀，增加了画面的动感。同时旁边椰子的摆放，既丰富了画面的细节效果，同时也表明了饮料的口味。

■ RGB=106,0,229 CMYK=76,82,0,0
□ RGB=255,255,255 CMYK=0,0,0,0
■ RGB=175,125,247 CMYK=44,54,0,0
■ RGB=154,185,246 CMYK=59,69,0,0

这是 Down Town 咖啡馆的标志牌设计。整体以浅灰色为主色调，深色花纹的装饰，为标志增添了一丝文艺气息。白色的标志文字在浅绿色的衬托下，十分醒目。整体设计凸显出企业简约、文雅的经营理念。

■ RGB=239,239,239 CMYK=7,6,6,0
□ RGB=255,255,255 CMYK=0,0,0,0
■ RGB=65,66,59 CMYK=75,69,73,38
■ RGB=1194,221,09 CMYK=37,0,72,0

5.1.2 食品类企业形象 CI 设计技巧——用色明亮的造型与元素

极具趣味性的产品造型，能够使产品在众多商业海报中脱颖而出，吸引消费者。不仅可以为观众带来独特的视觉体验，而且还能够巧妙地突出产品特点与特性。

在青色的背景之下手拿流动冰淇淋饼干的图像十分清楚，同时又动感十足。

在深蓝色咖啡杯的包装中，少量青色和红色的点缀，让整个包装极具动感。

亮度较高的粉色包装盒，将颜色柔和的马卡龙很好地凸显出来，让人垂涎欲滴。

配色方案

双色配色

三色配色

五色配色

佳作欣赏

5.2 餐饮行业类的企业形象 CI 设计

餐饮行业是我们日常生活中最不可缺少的行业，因为我们每天都要吃饭，都要跟食物打交道。所以该行业形象 CI 设计的好坏，直接影响着餐厅的效益，甚至整个企业都要受到波及。

餐饮行业类的企业形象 CI 设计可以分为很多种类。例如直接将餐厅店面效果呈现出来；或者借助餐具的颜色与摆放形态来凸显餐厅的格调；还可以通过与餐厅相关的名片、菜单、包装袋等的设计来表明餐厅的经营种类。

特点：

◆ 呈现效果精致，给人带来干净舒适的视觉体验。

◆ 画面色调既可以明亮多彩也可以深沉稳重。

◆ 画面中食物元素居多。

◆ 品牌特色浓重，能带来极大的味蕾刺激感。

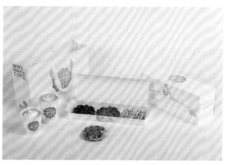

5.2.1　稳重大气类的企业形象 CI 设计

在整个餐饮类企业形象 CI 设计中，稳重大气类的风格居多。因为随着经济水平的提高，人们对就餐环境提出了更高的要求。在选择餐厅时除了要满足基本的干净卫生条件之外，还要有一定的格调。

设计理念：这是 JUKE 炸鸡快餐店品牌形象设计的包装盒与菜单。通过立体摆放的方式，将快餐店沉稳的经营理念凸显出来。

色彩点评：将深绿色作为主色调，一

改快餐店用色鲜艳的配色方式。给人以健康大气的视觉感受。

🟩 白色的标志，在深绿色背景的衬托下十分醒目，而侧面灰色的点缀，让整个包装盒极具稳重之感。

🟩 旁边圆形的炸鸡标志说明了快餐店的性质，同时也起到一定的装饰作用，一举两得。

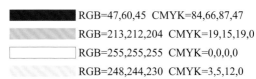

RGB=47,60,45　CMYK=84,66,87,47
RGB=213,212,204　CMYK=19,15,19,0
RGB=255,255,255　CMYK=0,0,0,0
RGB=248,244,230　CMYK=3,5,12,0

这是希腊 MERAKI 油和醋的品牌形象设计。整个设计以白色为主色调，再搭配以少量的蓝色，既突出了产品健康天然的特性，同时又彰显了企业的简约时尚与稳重大气。

RGB=47,81,184　CMYK=92,70,0,0
RGB=255,255,255　CMYK=0,0,0,0
RGB=113,107,51　CMYK=62,55,100,1
RGB=186,208,231　CMYK=35,12,6,0

这是 NOEV 橄榄油店品牌形象设计的网页展示。整体以浅灰色为主色调，凸显出企业的精致与大方。而深色的标志文字，在网页中间位置，十分醒目，具有很好的宣传效果。

RGB=241,241,239　CMYK=7,5,6,0
RGB=241,220,126　CMYK=7,16,59,0
RGB=209,189,171　CMYK=18,29,31,0
RGB=99,88,82　CMYK=65,65,65,16

随着社会的迅速发展，人们的生活水平也在逐步提升。在选择餐厅就餐时，会更加注重餐厅整体的设计格调、环境状态、服务态度甚至于餐具摆放得是否合理。所以，为了在众多设计中脱颖而出，就要打破传统的思维方式，让设计在精致中凸显时尚与高雅。

这是 TSQIZA 墨西哥餐馆的餐具与名片设计。白色的名片和金色的餐具，凸显出餐厅的大气与高雅。

这是悉尼 SUSHI WORLD 的寿司餐厅 VI 设计。最简单的黑白色搭配，让整个设计在简约中透露着时尚。

这是一款马卡龙的包装盒设计。画面以黑色为主色调，将盒子中的马卡龙映衬得十分精致，让人很有食欲感。

配色方案

双色配色

三色配色

五色配色

佳作欣赏

5.3 房地产类企业形象 CI 设计

　　房地产业关乎人们的居住质量，人们在买房时，最先看到的就是房地产的整个外貌。如果不能给人留下一个较好的印象，那么也就不会有想深入了解这个地产的冲动。这样既达不到宣传的目的，又会失去信誉度，从而失掉消费者。

　　所以，一个具有创意，并时时刻刻站在消费者角度考虑的地产设计，在现在这个时代是非常重要的。

特点：

◆ 整体设计成熟稳重，给人以信任感。

◆ 具有很强的真实性。

◆ 用简洁的文字来表达深刻的含义。

◆ 网络展示效果直接明了，使人印象深刻。

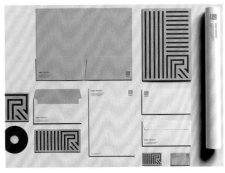

5.3.1 高端风格的房地产企业形象 CI 设计

高端风格的房地产业企业形象 C 设计，就是让整个设计营造一种简约大气的氛围，在视觉上给人以较强的视觉冲击，从而激发消费者想要进一步了解的欲望。

设计理念：这是德国 BECKEN 地产公司的 VI 设计。画面以俯视的角度将移动端网页显示、名片、信封、图纸等带有企业标志的物件展示出来。

色彩点评：以白色和深青色为主色调，凸显出企业高端沉稳的文化氛围，同时很容易让人产生信赖感。

1 白色的信封，将深青色的标志很好地显示出来，让人一目了然。

2 金色的标志在深青色平面背景的衬托下，十分醒目。而白色的名片正面，除了文字之外没有过多的装饰，整个设计尽显精致与简约之美。

RGB=29,51,48 CMYK=94,71,78,51
RGB=112,144,146 CMYK=67,35,42,0
RGB=255,255,255 CMYK=0,0,0,0
RGB=166,108,58 CMYK=35,66,92,0

这是墨尔本 Revel 建筑公司品牌的视觉设计。整体以白色和橘黄色为主色调。黄色的运用可以给人以很强的安全感，凸显出该企业注重安全的文化氛围，同时又不失高雅与大气之感。

RGB=223,196,100 CMYK=14,26,69,0
RGB=61,61,61 CMYK=78,72,69,39
RGB=255,255,255 CMYK=0,0,0,0
RGB=0,0,0 CMYK=93,88,89,80

这是 Erico Solvtio 地产投资品牌 VI 设计中的移动端网页展示效果。在这个网页上半部分是该地产的建筑一角，在淡蓝色天空的衬托下，尽显高贵与大气。

RGB=155,169,201 CMYK=47,30,11,0
RGB=255,255,255 CMYK=0,0,0,0
RGB=232,232,232 CMYK=11,8,8,0
RGB=168,95,40 CMYK=32,74,93,1
RGB=119,175,206 CMYK=66,18,17,0

5.3.2 房地产类企业形象 CI 设计技巧——展示效果真实性与信任感的营造

房地产类企业形象CI设计在高端大气的基础之上，就是要力求展示效果的真实性。因为消费者在买房之前是通过模型来了解房子的整体概貌的。如果不具备真实性，就会失去消费者的信任，这对房地产企业来说是巨大的损失。

这是 Jade Park 公寓地产 VI 设计的网页展示效果。整体以一座大楼为主图，旁边的企业标志起到了很好的宣传作用。

这是 Nobility House 英国房地产公司的手机端展示。简洁的界面，让人一眼就能观看到房子的大概样貌，十分引人注目。

配色方案

双色配色

三色配色

五色配色

佳作欣赏

5.4 服装行业的企业形象 CI 设计

服饰与食物一样，都是人们日常生活中必不可少的。一件好的衣服会让穿着者体验到心情的放松与情绪的愉悦。当然这种感觉是以质量为基础的，而品牌却以质量为前提的。换句话说，我们体验畅快的是品牌。所以一个好的品牌的塑造对一个行业是至关重要的。

在现在这个迅速发展的大时代下，每天都有各种各样的品牌充斥在我们的生活当中。而要想一个服装行业的企业形象 CI 设计从众多的设计中脱颖而出，就要看这个行业整体的视觉设计是否新颖、是否紧跟潮流、是否让消费者看后印象深刻、是否有良好的质量等。

所以说，一个好的、成熟的服装企业，其产品对消费者来说是有足够的购买理由的。

特点：

- ◆ 具有较强的文化特色。
- ◆ 可以展现出独特的个性风格。
- ◆ 具有丰富的创造力。
- ◆ 多样的形式设计。
- ◆ 具有较高的辨识度。
- ◆ 产品有足够多的细节展示。

5.4.1　清新风格的服装行业企业形象 CI 设计

清新风格就是使展示效果呈现出清新与脱俗之感，同时又使整体设计在清新之中不失时尚与高雅，具有让人意想不到的独特美感。

设计理念： 这是伦敦 RUH 女性时装品牌形象的网页设计。左侧以模特为小范围的展示效果，而右侧则将衣服放大处理。在一大一小的对比中给消费者以极强的视觉冲击。

色彩点评： 整个网页以白色为主色调，左侧粉色矩形的添加，将衣服很好地衬托出来。既给单调的页面增添了一丝活力，同时也凸显出企业整体的清新时尚的风格。

① 黑色加粗的标志十分醒目，对品牌具有很好的宣传效果。

② 网页外围的橘色描边，使整个画面具有收拢之感，同时也让画面的主体物更加突出。

- RGB=255,255,255　CMYK=0,0,0,0
- RGB=231,209,3205　CMYK=7,23,16,0
- RGB=6,1,8　CMYK=93,89,87,79
- RGB=199,125,50　CMYK=16,61,89,0

这是 Supreme 时尚服装店的品牌形象设计。画面以灰色为背景的杂志，将服装很好地凸显出来。衣服整体以浅色为主，突出了企业追求简约干净的经营理念。而白色名片对品牌具有积极的宣传作用。

- RGB=255,255,255　CMYK=0,0,0,0
- RGB=71,90,66　CMYK=76,58,79,21
- RGB=234,234,232　CMYK=10,7,9,0
- RGB=96,71,59　CMYK=60,73,77,28
- RGB=221,184,136　CMYK=11,34,49,0

这是英国 Nutmeg 儿童服饰品牌形象设计的灯箱展示效果。左侧通过两个小女孩来展示服装，极具清新与活力。而右侧不规则的标志文字既让人耳目一新，又对品牌进行了有力的宣传。

- RGB=255,255,255　CMYK=0,0,0,0
- RGB=29,46,156　CMYK=100,91,3,0
- RGB=107,164,171　CMYK=71,20,35,0
- RGB=219,95,19　CMYK=0,76,96,0
- RGB=34,33,44　CMYK=88,87,69,57

5.4.2 服装类企业形象 CI 设计技巧——注重整体画面的协调统一

在设计服饰类的海报时，要利用画面整体的配色，给消费者传达信息。只有画面整体配色和谐，比例适当才会增加消费者的视觉舒适度，进而提高消费欲望。

这是 Arvore 时装零售品牌形象设计的宣传单设计。画面以黑色为主体色调。中间的白色矩形使服装十分醒目，而金色的标志文字与图案对品牌有很好的宣传作用。

这是墨西哥名牌时装 Alejandra Quesada 品牌 VI 设计。深色的服装模特在冷色调的背景下极其引人注目。同色调的搭配，让整个画面浑然一体，具有独特的高级美感。

配色方案

双色配色

三色配色

五色配色

佳作欣赏

5.5 互联网行业的企业形象 CI 设计

　　互联网现在已经融入我们的日常生活当中，我们无时无刻不在享受着互联网带给我们的巨大便利。简单来说如手机上网、网上购物，甚至我们使用的手机卡都是互联网发展的成果。

　　所以说，互联网行业与我们形影不离，而该行业的企业形象 CI 设计的重点就是要引人注意。因为消费者有很多选择，而互联网的更新速度又极快，如果没有绝对的视觉冲击力或者实用价值，消费者就会立刻将其淘汰。

　　因此，在对该行业的企业形象 CI 进行设计时，要有足够的创新意识，并以最直接简洁的方式将互联网企业具有的特征凸显出来，让消费者在看到产品的同时就能知道企业的经营性质。

特点：

◆　具有较强的动感。

◆　有明显的文字标识表明企业性质。

◆　与科学技术紧密相连。

◆　信息传达直接明了。

◆　宣传推广力度极大。

5.5.1　具有动感效果的互联网企业形象 CI 设计

互联网本身就给人以较强的动感，所以具有动感效果的企业形象 CI 设计，就要以较为立体的方式将产品呈现出来。这样，可以给消费者提供一个很好的视觉体验，仿佛身临其境。

设计理念：这是 Lift London 云互联网品牌形象设计。整体以玩游戏的状态展现出来，给人一种只要握住游戏机手柄就可以进行操作的动态体验感。

色彩点评：整体以黑色为主色调，突出了企业的成熟稳重与浓厚的科技感。

⬤ 在黑色背景衬托下，电视显示屏中间位置的立方体十分醒目。将企业标志很好地凸显出来，而且又极具动态之感。

② 机顶盒和游戏手柄的装饰，让整个画面创意十足，又极具趣味性。对品牌有很好的宣传与推广效果。

■ RGB=31,31,32　CMYK=85,81,78,66
■ RGB=128,198,221　CMYK=63,2,18,0

这是火狐移动操作系统 FireFox OS 品牌 VI 设计的户外广告展示效果。在渐变蓝色的背景下，白色的宣传标语和左下角的标志十分清楚。而围绕手机的火狐，既起到宣传品牌的作用，又突出了该企业的经营性质。整个画面具有很强的动感。

■ RGB=106,181,225　CMYK=70,11,11,0
■ RGB=52,63,139　CMYK=93,86,15,0
□ RGB=255,255,255　CMYK=0,0,0,0
■ RGB=203,117,64　CMYK=13,66,79,0
■ RGB=168,71,50　CMYK=31,86,90,1

这是 Booking.com 网站品牌形象设计的展示效果。整个页面以不同地区的信号塔为主图，充分体现出该网站强大的传输功能。同时也让该画面具有很强的动感，让人可以感受到网站的运行速度。

上方文字则起到了很好的解释说明作用，促进了品牌的宣传。

■ RGB=229,225,224　CMYK=11,12,10,0
■ RGB=181,177,202　CMYK=33,30,10,0
■ RGB=76,153,226　CMYK=79,27,0,0
■ RGB=0,23,103　CMYK=100,100,56,9
■ RGB=253,199,90　CMYK=0,31,69,0

5.5.2 互联网企业形象 CI 设计技巧——直达主题

在进行互联网企业形象 CI 设计时，要尽可能直达主题。不仅互联网，其他行业也都一样，只有直接表明行业的经营范围与运营性质，才能给消费者营造一个直观的选择氛围。

这是移动数据供应商 fogg 的设计展示效果。该设计以电话卡的形式直接展示出来，既起到了宣传品牌的作用，又表明了企业的性质。

这是瑞士电信品牌设计的宣传广告箱。画面以直接摆放的手机来说明企业的运营范围，十分醒目，直达主题。

配色方案

双色配色	三色配色	五色配色
		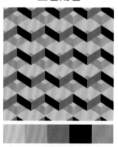

佳作欣赏

5.6 科技行业的企业形象 CI 设计

如今是一个科技产品更新换代速度较快的时代，每隔一段时间就会发布新的科技类产品。尤其是电脑、手机等生活中常用的电子设备。

随着更新速度的加快，在设计科技行业的企业形象 CI 时，要有跟着时代走的领悟性，要以满足消费者的最大需求和社会需求为设计目的。而且该行业的企业形象 CI 设计大多注重产品的功能性，因此在设计时要根据不同的产品，运用不同的手法来展现产品特有的功能与作用。

特点：

◆ 具有较高的辨识度。

◆ 采用产品展示、品牌标识来展现品牌形象。

◆ 通常可以采用给人科技感的蓝色做主色。

◆ 具有较强的科技特征。

◆ 可以展现企业独特的设计风格。

◆ 具有丰富的创造性。

◆ 多样的形式设计。

5.6.1 注重实用性的科技企业形象 CI 设计

科技行业的企业形象 CI 设计，最大的特点就是注重实用性。因为通过科技创造的产品，就是为了给我们的生活带来便利，提高我们的生活质量与水平。

设计理念：这是 Alerol 能源公司 VI 设计的画册展示效果。以风能发电的装备作为画册封面主图，让人看到立刻就能明白企业的性质。

色彩点评：整体以浅蓝色为主色调，将企业的科技氛围很好地烘托出来。通过风力发电既提供了电能，同时又非常环保，突出了企业注重科技的实用性和社会性。

❶ 少量黑色的运用，体现了企业的稳重与成熟。

❷ 白色的标志在深色背景衬托下，十分醒目，对企业品牌有很好的宣传作用。

RGB=124,172,239 CMYK=61,23,0,0
RGB=210,231,248 CMYK=25,3,2,0
RGB=18,18,21 CMYK=90,84,84,74
RGB=255,255,255 CMYK=0,0,0,0

这是 INOVA 能源企业 VI 形象设计的实物展示效果。白色的灯体在画面中十分醒目，让人一看就能知道企业的性质。而蓝色的灯托，既突出了企业具有的科技感，又对品牌有积极的宣传作用。

RGB=255,255,255 CMYK=0,0,0,0
RGB=113,199,252 CMYK=67,0,0,0
RGB=103,57,166 CMYK=70,85,0,0
RGB=43,49,136 CMYK=98,94,14,0

这是无人机品牌 Aker 视觉形象和监控界面设计。以庄稼的一个镜头作为背景，体现出企业为农业服务的经营性质。左侧白色的运用，既可将标志清晰地显示出来，又打破了整个画面的沉闷感。

RGB=255,255,255 CMYK=0,0,0,0
RGB=81,145,252 CMYK=76,38,0,0
RGB=42,58,70 CMYK=91,76,62,35
RGB=75,124,122 CMYK=83,43,55,1
RGB=132,155,50 CMYK=61,29,100,0

科技行业的企业 CI 设计应该以展示出产品的功能为主，通过与产品有关的元素来吸引消费者的眼球，从而促进消费。

这是 Uai Paguei 支付品牌 VI 设计的 POS 机。通过实物展示可以让人直观地知道企业的经营性质，以及设计该产品的用途。而整体以绿色为主色调，给人以安全放心的视觉体验。

这是农业智能化品牌 Smag 形象视觉设计。整体以农作物为背景，同时在左侧拿电脑人物的衬托下，将企业以农业为主的经营理念凸显出来，让人一目了然。

配色方案

双色配色

三色配色

五色配色

佳作欣赏

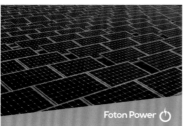

5.7 家居行业的企业形象 CI 设计

家居行业的企业形象 CI 设计是以我们日常生活的各种家居用品为主，比如地毯、台灯、家具、衣柜等。因为家居是与我们生活息息相关的，所以在设计时既要突出产品的独特风格与美感。同时也要将产品的具体使用方法、功能等展示出来，让人一看就知道产品的具体用途。

特点：

◆　具有鲜明的家居风格特征。

◆　突出产品的使用性。

◆　颜色既可高雅奢华，也可清新。

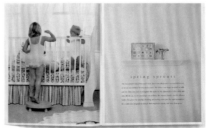

5.7.1 淡雅风格的家居行业企业形象 CI 设计

淡雅风格的家居行业企业形象 CI 设计，就是给人营造一种清新简约但却不失时尚的视觉氛围。这种风格的 CI 设计，在用色上多以较淡的色彩为主色调，或者以原木、布艺为原材料，突出家居温馨的同时给人带来放松与舒适之感。

设计理念：这是家居生活品牌 Ideen 视觉形象设计的网页展示效果。右侧为产品的展示主图，让人一目了然。而左侧两眼的标志，对品牌有积极的宣传与推广作用。

色彩点评：画面整体以浅色调为主，浅灰色的背景将清新大气的产品凸显出来，同时也表明企业将简约与时尚相结合的经营理念。

❶ 明纯度较高的青色标志文字，十分引人注目。少量橘色的点缀，为画面增添了一丝的动感。

❷ 部分白色背景的点缀，一方面为产品增加了高雅的视觉效果；同时也让标志和其他说明性文字十分清楚。

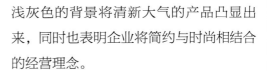

RGB=255,255,255 CMYK=0,0,0,0
RGB=177,187,195 CMYK=37,22,19,0
RGB=136,158,163 CMYK=56,31,33,0
RGB=124,219,215 CMYK=64,0,29,0

这是 Great Jones 锅具品牌形象设计的实物展示效果。整体以浅灰色为主色调，将产品清新简约设计中的高雅格调凸显得淋漓尽致。而锅底深色描边的标志文字对品牌有很好的宣传作用。

■ RGB=210,211,213 CMYK=20,15,13,0
■ RGB=243,244,246 CMYK=6,4,3,0
■ RGB=37,37,39 CMYK=84,80,75,60
■ RGB=163,132,111 CMYK=39,52,55,0

这是 Hidraulik 现代地毯品牌形象设计的地毯。整体以粉色为主色调，突出了产品清新温暖的特征。其中深浅不一灰色的点缀，既让产品具有稳定之感，同时也为产品增添了一丝的高雅与时尚。

■ RGB=208,169,184 CMYK=15,41,16,0
■ RGB=139,139,139 CMYK=52,43,40,0
□ RGB=255,255,255 CMYK=0,0,0,0
■ RGB= 703,69,74 CMYK=77,71,63,28

5.7.2 家居行业的企业形象 CI 设计技巧——注重实用性的同时提高产品格调

　　家居行业的企业形象 CI 设计重在体现出产品的实用性，但如果产品没有一定的格调，也不会引起消费者的注意。因为不同的消费者，有不同的喜好和选择。所以，在进行设计时，要通过具有创意的方式或者色彩搭配将产品具有的格调体现出来。

这是 rustic ridge 刀具品牌视觉形象设计的展示效果。在深色调食物画册背景的衬托下，将刀具的高质量和锋利特性非常明显地体现出来。同时也凸显出该企业高端奢华的经营理念。

这是 XPR 电子锁与门禁系统企业的 VI 网页设计。该网页将人物用指纹开门的特写镜头作为背景，体现出企业的经营性质。而画面中间橘色的点缀，为整个画面增添了一丝动感，同时也表明了企业注重安全的经营理念。

配色方案

双色配色　　　　　　　三色配色　　　　　　　五色配色

  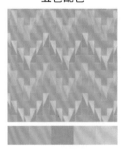

佳作欣赏

5.8 汽车行业的企业形象 CI 设计

汽车是我们生活中不可或缺的代步工具，随着人们对汽车各种性能要求的提高，在制作该行业的企业形象 CI 设计时，要重点突出汽车的功能性，例如舒适度、稳定性、速度和容量等。

随着汽车行业的不断发展，要想让企业的 CI 设计在众多设计中脱颖而出。除了要尽可能地展示产品之外，还要将企业的经营理念、文化内涵、产品格调甚至员工服装、服务态度、店面形象等体现出来。因为 CI 设计是一个企业的整个运作系统，是一个企业给人的第一印象。只有给消费者留下深刻印象，才能激发他们进一步了解，甚至购买的欲望。

特点：

◆ 利用明星代言，提高产品的知名度。

◆ 宣传力度极大。

◆ 尽可能详细地展示产品细节。

◆ 具有明显的品牌标志。

5.8.1 大气壮观的汽车行业企业形象 CI 设计

因为汽车本身就给人一种炫酷、有气势的感觉，所以汽车类企业形象 CI 设计就可以从这一点入手，在展现汽车功能性的同时营造一种高端霸气、时尚奢华的视觉氛围。

设计理念：这是劳斯莱斯汽车网页的设计效果。将汽车驾驶部位的局部作为展示主图，将产品细节直观地展示出来，突出企业高端大气的经营理念。

色彩点评：整体以深灰色为主色调，让画面中间的汽车局部细节效果十分醒目。

● 深橘色的汽车内饰，为整个画面增添了温馨之感。

● 白色的标志引人注意，对品牌具有很好的宣传作用。而其他的说明性文字则丰富了画面的细节效果。

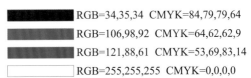

RGB=34,35,34 CMYK=84,79,79,64
RGB=106,98,92 CMYK=64,62,62,9
RGB=121,88,61 CMYK=53,69,83,14
RGB=255,255,255 CMYK=0,0,0,0

这是伦敦 Green Tomato Cars 汽车服务公司 VI 设计的汽车展示效果。整个画面以黑白色调呈现出来，给人一种复古的低调感。而车盖中心部位的一抹青色，让整个画面瞬间充满了活力。

■ RGB=18,18,18 CMYK=89,85,85,75
■ RGB=117,117,117 CMYK=62,53,50,1
■ RGB=202,202,202 CMYK=24,18,18
■ RGB=147,242,201 CMYK=56,0,38,0
□ RGB=255,255,255 CMYK=0,0,0,0

这是迪拜 Monza 汽车美容品牌形象设计的墙体广告展示效果。画面中除了汽车之外，没有其他多余的东西作为主体物，将企业的经营性质很好地凸显出来。而白色的文字标志对品牌具有宣传作用。

■ RGB=0,0,0 CMYK=93,88,89,80
■ RGB=77,77,67 CMYK=73,65,73,28
■ RGB=148,169,169 CMYK=51,26,33,0
□ RGB=255,255,255 CMYK=0,0,0,0

汽车行业的企业形象 CI 设计技巧——用直观的方式展示

汽车行业的企业形象 CI 在设计时，应尽可能将汽车以直观的方式展现出来。因为汽车是一个我们都熟悉的产品，将其直接呈现，既可以让消费者看到更多的细节，同时也可以对企业增加信任感。

这是时尚靓丽的 Acura 汽车网页设计效果。将红色汽车直接在网页展示的主图，给人以醒目大方的视觉体验。同时左上角白色的标志文字，在深色背景衬托下特别明显，对品牌有很好的宣传效果。

这是美国 Serge 设计的非官方版 Tesla 汽车宣传画册。在白色的大背景下，汽车十分显眼，让人一看就知道画册的介绍内容。红底白字的标志既为画册增添了一丝活力，同时也对品牌进行了宣传。

配色方案

双色配色

三色配色

五色配色

佳作欣赏

5.9 化妆品行业的企业形象 CI 设计

　　化妆品作为时尚消费品，除了本身具有的使用功效以外，还能满足消费者对美的心理需求。因为化妆品的种类有很多，所以针对不同的化妆品，在进行该行业企业形象 CI 设计时会有不同的配色和不同的风格。

　　化妆品行业的企业形象 CI 设计可分很多种类。例如既可以借助明星代言来促进化妆品销售；也可以通过人体局部有针对性地展示产品效果；还可以对化妆品本身进行精准描述来展现化妆品的独特魅力。

特点：

◆　画面精致、具有独特美感。

◆　画面色调柔美、纯净、健康。

◆　画面中女性元素较多。

◆　独具风格，品牌特色浓重。

5.9.1 高雅时尚风格的化妆品行业企业形象 CI 设计

在对化妆品行业的企业形象CI进行设计时，不同的风格会给人带来不一样的感受。而高雅时尚风格的化妆品则会给人一种在使用过程中会越来越美的心里暗示。

设计理念： 这是 Naravan 天然美容产品的品牌形象设计。将产品直接摆放在画面中间位置，而旁边的牛油果既起到装饰画面的作用，又表明了产品的成分。

色彩点评： 产品以青色为主色调，将企业清新高雅的文化风格体现出来。

① 将产品标志直接展现在包装盒的中间位置，十分引人注目，对品牌有很好的宣传作用。

② 粉色背景的添加，使产品在冷暖色调中更加显眼。

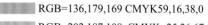

RGB=136,179,169 CMYK59,16,38,0

RGB=202,187,108 CMYK=25,26,67,0

RGB=255,255,255 CMYK=0,0,0,0

RGB=222,216,218 CMYK=7,19,10,0

这是男士美容护肤品牌 ODIN 的形象设计。在整个的展示效果中，以浅橘色为主色调，在深色瓶身和标志文字的点缀下，既突出了品牌的大气与时尚，又凸显出护肤品的柔和无刺激。而一点红色的运用，为整个设计增添了一丝动感与活力。

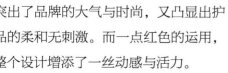

RGB=246,233,206 CMYK=3,11,22,0

RGB=214,57,50 CMYK=0,89,80,0

RGB=57,45,34 CMYK=70,77,88,55

RGB=140,110,66 CMYK=48,60,84,5

这是 Under Skin 护肤品品牌形象设计重塑的展示效果。造型独特的展示台，将产品衬托得更加高贵与时尚。产品包装没有多余颜色，突出了企业崇尚简约、精致的文化理念。

RGB=242,236,225 CMYK=5,8,13,0

RGB=172,151,114 CMYK=36,42,58,0

RGB=0,0,0 CMYK=0\93,88,89,80

RGB=255,255,255 CMYK=0,0,0,0

RGB=197,197,197 CMYK=26,20,19,0

5.9.2 化妆品行业的企业形象 CI 设计技巧——增加创意感

现如今的化妆品行业企业形象 CI 设计大多采用单纯的明星代言和产品展示的方式，而太过千篇一律的设计难免让人产生审美疲劳。所以想要在众多海报中脱颖而出，就要打破传统的思维方式，以创意来吸引眼球。让消费者与产品在视觉上形成互动，从而激发其购买产品的欲望。

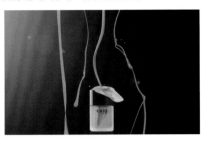

这是 Laure 化妆品牌的 VI 设计。整个画面将产品直接作为展示主图，在黑色背景的映衬下十分醒目，让人一眼就能看到。而内部流动的产品液体，可以让人直观地看到液体的颜色，增加了产品的真实感。同时也让画面极具动感，创意十足。

这是 LaPierre 化妆品品牌视觉设计的模特展示效果。整个画面没有出现具体的产品包装，而是以一个涂抹口红的模特呈现出来。通过间接的方式，既对口红进行宣传，同时也将口红颜色进行直接的展示。一抹红色在深色的衬托下，十分亮眼，引人注目。而左侧的标志文字，对品牌有很好的宣传作用。

配色方案

双色配色

三色配色

五色配色

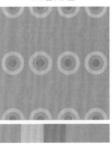

佳作欣赏

奢侈品行业的企业形象CI设计

奢侈品是超出人们生存发展需要的产品，它代表着一种高雅的生活方式。随着时代的发展，奢侈品在不同时期有不同的代表产品，该行业的企业形象CI在设计时将画面作为传播信息和形象的主要渠道，文字的传达则较为次要。因为消费者在购买时首先看到的就是产品，文字只是起到辅助解释说明的作用。

总体来说，奢侈品行业的产品价值和品质都相对较高，在进行企业形象CI设计时要更加注重整体的视觉感和个性化。既要突出产品与品牌，同时也将企业的文化氛围、经营理念、产品格调等凸显出来。

特点：

◆ 画面高端、大气。

◆ 注重产品和品牌宣传。

◆ 画面主体物突出，有明显的产品格调。

◆ 具有权威的典型性和代表性。

5.10.1 淡雅风格的奢侈品行业企业形象 CI 设计

淡雅风格的奢侈品行业的企业形象 CI 设计，就是将整体设计简约、大方但又具备高雅格调的产品直接摆放在画面中间位置，通过包装盒的标志文字对品牌进行宣传。

设计理念：这是 Creations Namale 顶级珠宝企业的品牌形象设计。通过模特佩戴的方式，将产品直接展现出来，让消费者可以很好地观看到立体效果。

色彩点评：模特整体服饰以浅色为主色调，将颜色稍深一些的产品凸显出来。而画面中一抹白色，将人们的视线全部集中在此。

🔘 左侧白色的标志缩写字母，让人一眼就能看到，对品牌有很好的宣传与推广作用。

🔘 标志上下简约的文字说明，起到解释说明作用的同时，又丰富了画面的细节效果。

- RGB=224,216,187 CMYK=14,15,30,0
- RGB=166,142,132 CMYK=38,47,44,0
- RGB=255,255,255 CMYK=0,0,0,0
- RGB=123,128,120 CMYK=60,47,52,0

这是 Floralpunk 珠宝品牌 VI 设计的产品展示效果。将产品直接摆放在画面左下角位置，让人一眼就能看到。黑色的标志文字，在浅色的背景下十分醒目。深浅颜色相搭配，尽显产品的高雅与时尚之感。而右上角绿色植物的摆放，为画面增添了一丝动感。

- RGB=164,140,120 CMYK=39,48,51,0
- RGB=198,184,177 CMYK=24,29,27,0
- RGB=30,32,36 CMYK=87,82,75,63
- RGB=255,255,255 CMYK=0,0,0,0
- RGB=55,77,61 CMYK=85,60,82,32

这是 BRITAN ART Jewelry 珠宝企业品牌形象设计的包装盒效果。整体以浅绿色为主色调，突出企业大方、淡雅的文化理念。包装盒上方的绿色的树叶形状，起到了很好的细节装饰作用。盒盖中间绿色描边衬托下的金色标志文字，十分醒目，对品牌有很好的宣传作用。

- RGB=202,207,200 CMYK=25,15,21,0
- RGB=172,187,162 CMYK=41,19,40,0
- RGB=214,231,204 CMYK=24,2,26,0
- RGB=226,190,109 CMYK=10,31,64,0
- RGB=95,140,114 CMYK=76,33,64,0

每个品牌和产品都具有各自的特点和形象。而在为该行业的企业形象 CI 进行设计时，就要在宣传产品的同时提高品牌辨识度，将品牌特色最大限度地凸显出来。

这是 Hardleo 珠宝品牌视觉形象设计的展示效果。将产品在右侧的珠宝盒中直接展现出来，可以让消费者尽可能看到细节效果。耳坠下方的深绿色配饰，十分引人注目，尽显品牌的高雅与时尚。

这是 Twice Fashion 时尚饰品企业形象设计的包包展示效果。将包包按照大小前后顺序摆放，呈现出一定的空间立体感。特殊造型的标志图案直接放在包包上方，具有很强的辨识度，促进了品牌的宣传与推广。

配色方案

双色配色

三色配色

五色配色

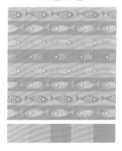

佳作欣赏

5.11 教育行业的企业形象 CI 设计

教育行业的企业形象 CI 设计是以宣传教育为主，目的是让受众了解到接受教育的重要性。在对该行业的企业形象 CI 进行设计时，一定要实事求是，将企业的真实情况展现出来，这样既可以让人们了解企业的经营范围与文化性质，同时也可以增强可信度。

教育行业存在的目的，就是要通过各种不同的方式，从实际情况出发对教育进行宣传，让更多的人了解、重视并接受教育。

特点：

◆ 具有明显的教育标志。

◆ 画面真实度高，让人一目了然。

◆ 有较强的宣传力度。

◆ 画面具有强烈的感染力，使人印象深刻。

5.11.1 卡通风格的教育行业企业形象 CI 设计

卡通风格的教育行业企业形象 CI 设计，是通过一系列卡通元素以幽默、可爱的效果来展现想要表达的主题，整体给人以生动有趣的感觉。而卡通风格的教育行业企业形象 CI 设计让教育行业不再枯燥，增添了受众的学习兴趣。

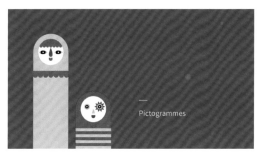

Pictogrammes

设计理念：这是 Direction Education 教育机构品牌的视觉设计。左侧卡通人偶的造型充满创意的趣味性，能够吸引儿童的注意力。而且大面积的版面留白，给儿童提供了一个良好的想象与阅读空间。

色彩点评：蓝色背景的运用，让整个画面十分醒目，体现出企业成熟稳重的文化氛围。而彩色的卡通人偶，则为画面增添了动感与活力。

🌀 左侧的白色文字，在起到解释说明作用的同时，丰富了画面的细节效果。

- RGB=33,58,249 CMYK=90,70,0,0
- RGB=246,221,52 CMYK=6,15,88,0
- RGB=219,2,203 CMYK=0,94,34,0
- RGB=255,255,255 CMYK=0,0,0,0

这是儿童音乐教育品牌 Kiddy musics 视觉形象设计的手提箱展示效果。画面以各种由线条构成的乐器作为手提箱的图案装饰，极富趣味性，同时也表明了企业的教育范围。而右上角的标志对品牌具有宣传与推广作用。

- RGB=255,255,255 CMYK=0,0,0,0
- RGB=111,35,112 CMYK=63,100,29,0
- RGB=85,119,166 CMYK=78,50,21,0
- RGB=102,140,69 CMYK=73,33,96,0
- RGB=164,211,220 CMYK=48,2,18,0

这是活泼的 Vamos Combater 儿童教育手册设计。整体以橘色为主色调，凸显出企业注重儿童安全的文化理念。卡通的手在画面中趣味十足，与文字形成相互的解释说明作用，形象十分生动。同时也激发了儿童阅读的积极性。

- RGB=217,163,58 CMYK=11,43,86,0
- RGB=90,140,113 CMYK=78,32,65,0
- RGB=237,237,237 CMYK=8,6,6,0
- RGB=136,99,43 CMYK=48,65,100,8

5.11.2 教育行业的企业形象 CI 设计技巧——增强互动效果

常见的教育行业的企业形象 CI 设计通常都给人一种呆板、无趣的视觉感，所以在设计时要尽可能让受众与各种 CI 设计之间形成一定的互动感。这样不仅可以让受众对该教育企业有较为深入的认识，提升对企业的信任感，同时能够吸引受众的注意力。

这是墨尔本舞蹈公司品牌形象设计的灯箱广告设计。画面中以一个芭蕾舞者的形象作为主图，表明企业的教育性质。而经过特殊设计的白色文字与舞者穿插摆放，具有很强的立体感，让受众在观看时有一种身临其境之感。

这是 The Jane Austen 书店品牌形象的站牌广告设计。画面以小女孩认真阅读书籍为主图，既表明了宣传企业的经营范围，同时也给受众以很强的互动感，让人有一种想要进行阅读的冲动。而下方的手写白色文字为画面增添了文艺气息，同时也丰富了整体的细节效果。

配色方案

双色配色

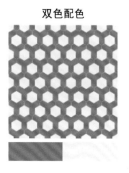

三色配色

五色配色

佳作欣赏

医疗行业的企业形象 CI 设计

医疗行业的企业形象 CI 设计就是通过不同的形式对医药行业进行宣传，通过宣传既可提高企业的品牌曝光度，同时也可增强人们对医疗健康的了解与重视。

现如今，许多医疗行业的企业形象 CI 设计缺乏创意与亮点，使消费者看后很难留下深刻印象。这样既达不到宣传目的，同时还会失去消费者对企业的信任。所以想要获得良好的效果，在进行企业形象 CI 设计时，就要从实际情况出发，了解消费者与市场的真实需求，然后再与企业的文化氛围、行为理念等相结合。

特点：

◆ 画面朴实、富有生机。

◆ 具有很强的真实性。

◆ 注重安全、卫生。

◆ 宣传直接明了，直达主题。

5.12.1　雅致风格的医疗行业企业形象 CI 设计

雅致风格的医疗行业企业形象 CI 设计，就是一改以往简单、死板、冰冷的宣传方式，运用较为明亮的色彩，营造出简单、雅致的企业文化氛围，为医疗行业增添一丝温暖。让该行业的企业形象 CI 设计不再枯燥，让就医者在心理上减轻一些恐惧与负担。

设计理念：这是 sbucal 牙科诊所形象设计的实物展示效果。产品直接摆放在画面中间位置，让人一目了然。简单整齐的摆放方式，体现出企业简洁、稳重的文化氛围。

色彩点评：青色的背景既将白色产品凸显出来，十分醒目。同时也表明企业理性的行为理念和大方、雅致的设计宗旨。

🎨 青色渐变的图案用色与背景相呼应，让人看后印象深刻，对品牌的宣传与推广有积极作用。

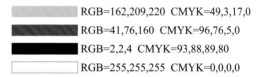

RGB=162,209,220　CMYK=49,3,17,0
RGB=41,76,160　CMYK=96,76,5,0
RGB=2,2,4　CMYK=93,88,89,80
RGB=255,255,255　CMYK=0,0,0,0

这是 SOA 口腔诊所品牌形象设计的信笺和文件夹展示效果。左侧的信笺以白色为主色，将左上角的标志凸显出来。右侧的文件夹以紫色为主色调，中间笑脸造型的企业标志图案，凸显出企业理智、稳重的文化氛围，以及以就医者为中心的服务态度。

RGB=141,130,201　CMYK=51,51,0,0
RGB=255,255,255　CMYK=0,0,0,0
RGB=230,229,234　CMYK=11,10,6,0
RGB=121,121,121　CMYK=60,51,48,1

这是俄罗斯私人诊所和医疗中心 Family Doctor 视觉形象设计的宣传画册设计。画面下方以一家四口的卡通形象做主图，突出了该医疗中心的温馨。粉色与白色的背景，为整个画面增添了一丝雅致与大方。

RGB=220,176,207　CMYK=9,40,2,0
RGB=255,255,255　CMYK=0,0,0,0
RGB=93,152,211　CMYK=75,30,7,0
RGB=222,222,221　CMYK=15,11,12,0

医疗行业的企业形象 CI 设计技巧——展现药品的真实性

医药行业的企业形象 CI 设计要尽可能展现药品的真实性。因为药品关乎人们的生命健康，只有将药品的真实形态展示出来，才能赢得消费者的信任，同时企业也会因此而获得长足发展。

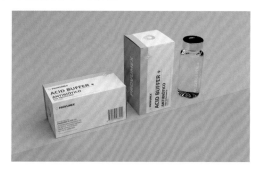

这是医药和健康品牌视觉形象设计的药品展示效果。将药品包装盒和内置药瓶直接摆放在画面中间位置，十分醒目。这样消费者在购买时不仅可以看到外包装和说明性文字，同时也可以看到内部效果。

这是 Oil of Myrrh 没药油品牌视觉设计的包装展示效果。整个包装以黑白两色呈现，简洁大方的设计体现出企业精致、沉稳的经营理念。将产品进行直接展示，可以增强消费者对企业的信任感。

配色方案

双色配色

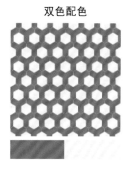

三色配色

五色配色

佳作欣赏

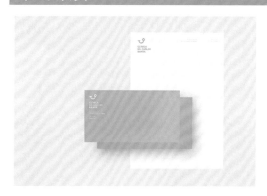

第6章 企业形象CI设计的秘籍

企业视觉形象是企业形象传播中形成的可视形象，是直接作用于视觉，引发人的思考的传播形态，是企业形象的外在表现。

如今企业面临的不仅仅是资源、科技、人才等实力的较量，更多的是对企业形象力的竞争。受众在物质需求得到满足之后，更注重的是精神价值的追求。受众希望产品有更高的科技含量，有环保保障，有完善的售后服务，有更深的文化内涵，有更高的品质感。如今，毫无个性的标志在市场上已经找不到自己的位置，标志已经成为引导顾客消费的信号。而且随着市场的不断调整，营销已经不仅仅局限于产品本身的运作，同时也是消费观念和品牌形象的营销。

企业形象作为企业的无形资产，其产生的力量是无法估量的。所以在对企业形象CI进行设计时一定要从企业本身出发，以企业发展方向为立足点，让设计尽可能与企业文化、经营模式、管理理念等相吻合。只有这样，通过这些外在的各种展示效果才能将企业展现出来，让受众对企业有一个清晰明了的认知。

运用对比色彩增强视觉冲击力

色彩是视觉元素中对视觉刺激最敏感、反应最快的视觉信息符号，所以人在感知信息时，色彩要优于其他形态。比如可口可乐的红色，百事可乐的蓝色和红色，这些都给人以强烈的视觉刺激，使人难以忘怀。所以适当运用对比色彩，可以给受众留下深刻的视觉印象。

设计理念：这是GURU益生菌饮料品牌形象设计的包装瓶展示效果。整个瓶身设计比较简单，但是瓶身上方不同颜色的螺旋状给人以视觉动感，同时将益生菌饮料可以增加肠胃蠕动的特性凸显出来。

色彩点评：整体以亮眼的青色和紫色为主色调。自青色瓶口往下到紫色渐变，给人以视觉上的逐渐过渡感。在两种颜色的对比中，给人以强烈的视觉刺激，留下深刻印象。

① 在底部紫色瓶身的衬托下，白色的说明性文字既丰富了细节效果，又让受众的视觉刺激感得到一定程度的缓解。

② 青色瓶盖中间的笑脸设计，让人在开瓶盖时一眼就能看到，趣味十足，给人一种温馨的视觉享受。

- RGB=101,0,216 CMYK=76,84,0,0
- RGB=143,253,72 CMYK=62,0,99,0
- RGB=90,125,144 CMYK=76,45,38,0

这是Everyday Trippin街头时尚品牌VI形象设计的吊牌展示效果。不规则的吊牌外观，展现了品牌的个性化与时尚活力。而且黑色与洋红色的色彩对比搭配，给人以强烈的视觉冲击感，加上独具特色的标志文字和图案，让人印象深刻。

- RGB=40,44,42 CMYK=84,75,77,56
- RGB=207,9,96 CMYK=4,96,40,0

这是Simplelift租赁与维修服务品牌VI设计的宣传单展示效果。整个设计比较简单，直接将文字显示出来，给人以直观的视觉信息传达。而且明纯度较高的蓝色和黄色对比色彩搭配，让人眼前一亮。而且也可以让品牌在众多的其他品牌中脱颖而出，具有很好的宣传效果。

- RGB=34,59,175 CMYK=96,82,0,0
- RGB=249,235,75 CMYK=7,7,81,0

6.2 将产品具体化展现经营性质

企业的经营性质是无形的，除了企业的内部人员以外，其他人根本不会知道。所以需要将其具体化，通过特定的视觉产品来展现。在进行企业形象的 CI 设计时，要从品牌产品的特性出发。比如咖啡产品，我们可以将与咖啡相关的咖啡豆等人们熟知的物品，运用在设计当中，通过具体化的产品将企业经营性质直观清楚地表达出来。

设计理念：这是 METRO 地铁商店专供葡萄酒品牌形象设计的围裙展示效果。围裙上方部位两个手拿酒杯庆祝的简笔画图案，趣味与创意十足，让人一看就知道企业的经营性质。

色彩点评：整体以刺激性较强的红色为主色调，不同红色的相互搭配，既给浅色的围裙增添了亮丽的动感，同时也表明了该品牌经营葡萄酒种类。

🔴1 在酒杯形状下方的深色标志图案和文字，丰富了整个设计的细节效果，同时也表明了企业的主要客户群体，促进了品牌的宣传与推广。

🔴2 重心式的设计版面，将消费者的注意力全部集中于此。而且主次分明，信息传达直接明了。

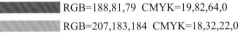

RGB=188,81,79 CMYK=19,82,64,0
RGB=207,183,184 CMYK=18,32,22,0
RGB=49,50,52 CMYK=81,76,71,48

这是 inka coffee 咖啡品牌视觉形象设计的包装杯展示效果。标志图案由经过特殊设计的咖啡豆组合而成，在不看文字的情况下让人立刻就知道品牌的经营性质。而且图案下方的文字则进一步解释说明，同时也让白色杯子的细节效果更加丰富。

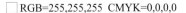

☐ RGB=255,255,255 CMYK=0,0,0,0
■ RGB=76,66,58 CMYK=69,71,75,36

这是 Casa Silvestre 浪漫花店品牌形象设计的鲜花包装手提袋展示效果。左侧用简单线条勾勒的花朵标志图案，直接表明了品牌的经营性质。单开口的设计保证了花朵不会遗漏，而且左上角的手提位置可以很好地稳定重心。

☐ RGB=255,255,255 CMYK=0,0,0,0
■ RGB=136,136,136 CMYK=52,44,42,0

6.3 运用具体的文字或图案表明消费对象的定位

每一个企业的发展都有其特定的消费对象。因为企业产品的性能、作用、特点、优势等都是针对固定的消费人群。不同的消费人群有不同的消费习惯与消费方式，所以在进行企业形象 CI 设计时一定要明确消费对象，这样不仅给消费者在消费选择时提供便利，同时也非常有利于企业品牌的宣传与推广。

设计理念：这是 Ilia Kalimulin 女性弦乐四重奏形象设计的名片展示效果。将乐器外观形状与女性形象相结合，创意十足地表明了企业的经营性质与消费对象。

色彩点评：整个名片以黑色和红色为主色调。在红色底色的衬托下，黑色的乐器图案十分醒目，让人印象深刻。同时也凸显出企业精致、高雅但却不失时尚的文化理念。

🎵 乐器图案下方人物白色脸部和项链的点缀，让女性化的形象更加明显。同时也给名片增添了一丝亮丽的动感。

🎵 最下方的手写连笔字体，将品牌浓厚的文艺雅致气息淋漓尽致地体现出来。

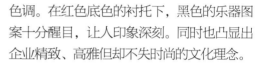

- RGB=134,41,59 CMYK=44,97,77,10
- RGB=29,27,28 CMYK=85,83,80,69

这是 sbucal 牙科诊所形象设计的信封展示效果。标志图案以形象化的牙齿为原型，让人一看就知道是牙科诊所。青色到蓝色的渐变过渡，既可以给患者在心理上带来镇静与放松，同时也凸显出该诊所注重安全与成熟稳重的服务理念。

这是 Vijoo 眼镜品牌形象设计的手提袋展示效果。将品牌标志文字放在手提袋中间位置，十分醒目。而且在最后一个字母 O 的右上角添加一笔，将眼镜店的经营性质瞬间体现出来，极具创意感。而且底部黄色和黑色几何图形的添加，既为手提袋增加了颜色的动感，同时又丰富了细节的视觉效果。

- RGB=255,255,255 CMYK=0,0,0,0
- RGB=100,173,167 CMYK=74,11,42,0
- RGB=68,120,184 CMYK=84,48,10,0

- RGB=187,173,203 CMYK=29,34,7,0
- RGB=234,223,188 CMYK=9,13,30,0
- RGB=58,52,56 CMYK=77,77,69,44

6.4 运用色彩影响受众的思维活动与心理感受

我们知道不同的色彩可以给人不同的心理感受，引起人丰富的联想，再加上各种文化心理因素，使色彩产生各种特征，进而影响人的注意力和思维活动。不同的色相有着不同的性格和情感意味，如红色是一种刺激性较强、引人兴奋并使人留下深刻印象的色彩；橙色则代表着温馨、活泼、健康与明快。因此在进行设计时要选用能够反映企业精神与行业特点的色彩。

设计理念：这是 Chef Gourmet 餐厅品牌形象设计的包装盒展示效果。简单可降解的食物包装盒，凸显出企业注重环保的文化理念。特别是类似书籍腰封的设计既保证了盒子的密闭性，同时也对品牌进行宣传，整个包装极具个性。

色彩点评：作为入口的食物，消费者最关心的就是安全问题。该企业采用最能凸显安全的绿色为主色调，就是抓住消费者的心理诉求。

🟢 白色的标志文字在不同明纯度的绿色背景衬托下十分醒目，同时让品牌干净与卫生的视觉氛围又浓了几分。

🟢 左侧简单的木质刀叉配置，进一步表明了企业的经营性质与对环保的重视。

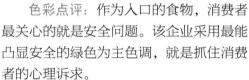

RGB=199,221,58 CMYK=36,0,91,0
RGB=156,194,46 CMYK=53,5,100,0
RGB=255,255,255 CMYK=0,0,0,0

这是 QLEANERS 干洗店品牌 VI 设计的包装盒展示效果。以青色和白色为主色调，将干洗店干净、纯洁的经营理念凸显出来。而且放大处理的标志文字首字母对品牌有积极的宣传作用。

RGB=255,255,255 CMYK=0,0,0,0
RGB=157,220,209 CMYK=52,0,28,0
RGB=195,195,195 CMYK=27,21,20,0

这是 Sila 律师事务所品牌形象设计的名片展示。名片以深蓝色和白色为主色调，凸显出该律师事务所的稳重与成熟，很容易获得受众的信赖感。而且金色渐变的标志，给人以高端、权威的视觉体验。

RGB=42,41,83 CMYK=96,99,49,20
RGB=255,255,255 CMYK=0,0,0,0
RGB=208,143,83 CMYK=13,53,72,0

6.5 将品牌文字特殊处理增加趣味性

在我们日常生活中，总能看到一些比较有创意的品牌标志文字，让人瞬间就能记住。所以在对企业形象 CI 进行设计时，可以根据本企业的行业特性、品牌产品等对文字进行有创意的变形与改造。比如餐饮行业可以将刀叉、筷子、厨师帽、具体产品的外观形状等与行业相关的元素融入文字之中，给人以清晰明了的视觉印象。

设计理念：这是 Yellow Kitchen 餐厅品牌形象设计的店面门头效果。以 YELLOW 为文字原型，将字母 Y 设计成酒杯形状；将两个 L 替换为刀和叉。将消费者熟知的餐具融入标志之中，极具创意感与趣味性。

色彩点评：整个门头标志以黄色为主色调，给人以强烈的食欲刺激感。而且晚上文字周围用同色系灯光的烘托，让这种视觉氛围更加浓郁。

主体文字下方的小文字，对品牌的经营性质进一步解释说明。而且主次分明，给人以视觉缓冲感。

小文字左右两侧的短横线装饰，对整个门头效果起着画龙点睛的作用。

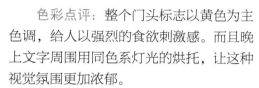

RGB=149,105,25　CMYK=44,64,100,4
RGB=237,220,144　CMYK=9,15,52,0
RGB=148,143,132　CMYK=48,42,46,0

这是 W.kids 语言学校品牌形象设计的路牌宣传广告展示效果。将品牌文字首字母 W 制作为镂空形状，将下方的儿童形象呈现出来，创意感与趣味性十足。而且字母不规则的圆弧形轮廓，给人以柔和、活泼的视觉感受。

RGB=115,194,107　CMYK=70,0,77,0
RGB=51,76,129　CMYK=93,77,30,0
RGB=278,205,51　CMYK=14,20,90,0

这是 Blue Berry 蓝莓甜品冷饮品牌形象设计的标志展示效果。将品牌文字中的字母 R 和 Y 经过特殊设计组合成笑脸形状，再加上橘色调的运用，给人以舒心、愉快的视觉体验。整体设计独具特色与创意，让人印象深刻。

RGB=255,255,255　CMYK=0,0,0,0
RGB=239,190,48　CMYK=2,32,89,0
RGB=162,215,51　CMYK=53,0,96,0

6.6 利用几何图形增加视觉聚拢感

在我们观看东西时，总有一个视觉重心点，这样可以将人的视觉注意力集中于一点。而在对企业形象 CI 进行设计时，我们可以根据这一特性，利用封闭的几何图形，将品牌文字、图案或者其他形象，限定在几何图形内部，增加受众的视觉聚拢感。

设计理念：这是 Taqiza 墨西哥餐馆品牌形象设计的名片展示效果。标志图案以正方形为原型，将正方形边的直线更改为圆弧状，弱化了几何图形的呆板，给人以柔和之感。将品牌文字的首字母放在正方形内部中心位置，十分醒目，将受众的

注意力全部集中于此。

色彩点评：名片以浅黄色和深橘色为主色调，浅色的背景将标志图案凸显出来。深橘色调的标志体现了企业高雅与精致的文化氛围。

🔴 在几何图形外围环绕的其他文字，对品牌起到很好的解释说明作用，同时也丰富了画面的细节感。

🔴 将名片放在同色系的叉子上方，既表明了企业的经营性质，同时又给人以整体统一协调的视觉体验。

- RGB=250,247,238 CMYK=2,4,8,0
- RGB=150,112,33 CMYK=44,60,100,3
- RGB=229,210,142 CMYK=12,19,51,0

这是 FAUPE 服饰品牌 VI 形象设计的标志展示效果。以简单的线条勾勒出梅花鹿的形状为图案，在简单之中透露着高雅。经过特殊设计的品牌文字放在图案下方，构成了一个基本的标志。而外围描边正圆的添加，将受众视线瞬间聚拢在该位置，提高了整个设计的档次和格调。

- RGB=14,23,32 CMYK=97,89,75,67
- RGB=200,202,203 CMYK=25,18,17,0

这是 arvore 时装零售品牌形象设计的标志展示效果。将菱形钻石具体为由简单线条构成的三角形外观，给人以视觉上的立体感，同时将受众注意力全部集中于此。而将标志文字放在图案上方，对品牌的宣传与推广有积极的促进作用。

- RGB=239,239,239 CMYK=7,6,6,0
- RGB=186,147,81 CMYK=28,47,76,0

所谓留白，就是在设计中留下一定的空白，当然这不一定非得是白色。留白最主要的作用就是突出主题，因为留白的时候，会剔除很多不必要的元素，这样会大大减少对注意力的分散，让受众注意力尽可能集中到主题上。而且适当的留白还会增加空间感，给受众营造一个很好的阅读环境，同时也为信息的表达与传递提供了便利。

设计理念：这是 COLIE MAKCHI 咖啡品牌 VI 设计的糖浆包装展示效果。整个设计比较简单，除了左上角的文字之外，没有其他多余的装饰，凸显出企业精致、简约的文化经营氛围。

色彩点评：整体以白色和黑色为主色调。一深一浅的对比色彩搭配，既体现了企业追求高雅的经营理念，同时也给受众在视觉上以一定的缓冲，对信息的接收与理解也更加直接。

🔴 右下角的咖啡豆图样，直接表明了企业的经营性质。而且与左上角的文字形成对角线的平衡状态，其余的留白空间让二者显得十分清楚。

🔴 虽然左右两种包装袋的颜色不一样，但是整体版式十分整齐统一，凸显出企业严格的管理秩序。

RGB=255,255,255 CMYK=0,0,0,0

RGB=43,48,39 CMYK=82,71,84,56

RGB=211,211,211 CMYK=20,15,14,0

这是巴黎 Savin 时尚服装店品牌形象设计的手提袋展示效果。整个手提袋除了右下角的品牌标志图案之外，没有任何其他装饰。足够的留白空间为受众营造了良好的视觉体验效果。而且深蓝色的运用，将品牌精致奢华的经营理念凸显得淋漓尽致。

RGB=44,46,58 CMYK=97,89,75,67

RGB=237,224,197 CMYK=7,14,25,0

这是精美的 Alfonza 羊毛衫品牌形象设计的画册展示。整个画册以模特展示为主图，将服装直观立体地呈现在受众眼前。通过观看主图瞬间就能知道企业的经营性质，可见该品牌理念的贴心。而且，大面积的留白，给受众阅读提供了相对开放的空间。

RGB=177,161,148 CMYK=33,38,39,0

RGB=219,213,207 CMYK=16,16,17,0

6.8 以夸张新奇的手法展现品牌产品

随着时代的迅速发展，受众对产品的展现方式也在不断地发生变化。同样的一件产品，不同的展现方式，会带来不同的结果。所以在进行企业形象 CI 设计时，一定要打破传统，甚至可以采用一些夸张新奇的手法来将产品进行全方位的展现。但需要注意的是，不要一味为了标新立异，而与企业的文化理念、经营规范、市场定位等脱节。

设计理念：这是匈牙利 kissmiklos 品牌 VI 设计的番茄酱展示效果。该设计以番茄酱绘制心形图案的形式呈现出来，创意感与趣味性十足。既让消费者可以清楚了解到番茄酱，同时也凸显出企业注重食品安全与贴心服务的经营理念。

色彩点评：整体以红色和橘色为主色调。红色与番茄酱的颜色相同，很好地凸显了企业品牌的经营性质。橘色的运用为画面增添了一抹亮丽的动感，十分引人注目。

❶ 经过特殊设计的橘色文字，与底部的红色底色融为一体，同时给消费者营造了视觉上的立体空间。

❷ 最底部同色系的标志文字，对品牌具有很好的宣传与推广作用。同时丰富了整个设计的细节效果。

- RGB=207,41,54　CMYK=4,93,77,0
- RGB=244,214,50　CMYK=5,19,88,0

这是俄罗斯 PRIME STAR 快餐厅品牌 VI 设计的食品包装盒展示效果。将放大处理的餐具压在简笔人物身上，给人以视觉上的夸张趣味性，以及极其放松愉悦的心理体验。绿色调的运用，既可以缓解视觉疲劳，同时也凸显出企业注重食品安全，追求干净与时尚的经营理念。

- □ RGB=255,255,255　CMYK=0,0,0,0
- ■ RGB=139,173,62　CMYK=59,17,97,0

这是雅典 BAZAKI 果汁酒吧品牌形象设计的门店招牌展示效果。以标志文字首字母 B 为原型，将其设计成杯子形状。同时再在顶部吸管图形的配合下，极具夸张与趣味性地将企业经营性质直观明了地凸显出来。而且白色的运用，既增强了对强消费者的视觉吸引力，同时又体现企业的纯净与整洁。

- □ RGB=255,255,255　CMYK=0,0,0,0
- ■ RGB=28,31,35　CMYK=89,82,76,64

6.9 将多种色彩进行巧妙的组合

色彩是通过视觉传达信息的一个重要渠道,能表达情感,能给人们带来不同的感受。在对企业形象 CI 进行设计时,色彩的调制与运用得当,不仅可以成为企业宣传与推广的利器,同时还可以为消费者的生活环境增添无比的美感,有效地缓解机体疲劳和心理压力。

设计理念:这是 Arrels 鞋子时尚创意形象设计的鞋子和包装盒展示效果。整个设计比较简单,鞋子用色与包装盒一致,凸显出企业严格规范的经营理念。而且看似凌乱的多彩颜色搭配,却给人营造出一种随意但却不失时尚的视觉氛围。

色彩点评:多种颜色的组合搭配,既有暖色调又有冷色调,在冷暖之间给人以强烈的视觉冲击。

① 每一只鞋子都有自己独特的颜色搭配,既凸显穿着者的时尚审美品位,同时也体现企业年轻有活力的独特性。

② 蓝色的标志文字在鞋子包装盒顶部的空白位置,适当的留白极大地促进了品牌的宣传与推广。

RGB=12,21,195 CMYK=99,85,0,0
RGB=218,18,18 CMYK=0,96,93,0
RGB=224,135,42 CMYK=1,59,89,0

这是 Global trend 在线购物品牌 VI 设计的杯子展示效果。以标志文字首字母作为主图,而且多彩的颜色搭配,将企业充满动感与流动性的经营性质凸显出来。将字母与杯子形状相结合,具有很强的创意感与趣味性。

RGB=145,177,54 CMYK=56,15,100,0
RGB=210,156,45 CMYK=15,46,92,0
RGB=97,170,213 CMYK=74,17,14,0
RGB=155,16,37 CMYK=36,100,100,2

这是歌德学院 CIN 文化创新网络视觉识别的名片设计展示效果。名片背面以黑色描边正圆为主图,将经过特殊设计的多彩标志图案放在其中间位置。多种颜色的相互搭配,既表明了企业创新网络的运营范围,同时又将受众的注意力全部集中于此。

RGB=203,141,37 CMYK=17,53,96,0
RGB=98,162,182 CMYK=74,21,29,0
RGB=51,27,105 CMYK=94,100,50,3
RGB=178,20,14 CMYK=23,99,100,0

6.10 通过立体展示加深视觉印象

在我们的日常生活中进行商品选购时，无论是在网上还是实体店，都更倾向于观看实物的立体展示效果。因为立体呈现不仅可以让消费者从不同的角度，尽可能详细地观看到产品细节，而且也可以增强消费者对企业的信赖感和好感度。

设计理念：这是 Violette 巧克力品牌形象设计的路牌广告展示效果。将球体形状的巧克力作为宣传主图，具有极佳的视觉诱惑力。而且具体实物的展示，可以让消费者直接明了地了解到企业的经营性质。

色彩点评：整体以巧克力色为主色调，将产品的精致与美味淋漓尽致地表现出来。再配以浅色的背景，将这种视觉氛围的浓度又增添了几分。

① 深色的标志在浅色背景的衬托下十分醒目，对品牌的宣传具有积极的推动作用。而且最下方的小文字，在解释说明的同时又丰富了画面的细节效果。

② 整个广告构图比较简单，将产品的立体展示效果直接放在画面中间。虽然简单粗暴，但却极具视觉宣传效果。

- RGB=245,217,148 CMYK=2,20,48,0
- RGB=81,46,25 CMYK=58,84,100,45
- RGB=55,48,42 CMYK=74,75,80,53

这是 Under Skin 护肤品品牌形象设计的产品立体展示效果。首先将产品直接摆放在画面右侧位置，而其后面的流动液体，则将产品色号直接呈现在消费者眼前。而左侧皮肤很好的模特，通过间接地方式说明产品的强大功效。

- RGB=255,255,255 CMYK=0,0,0,0
- RGB=185,154,102 CMYK=29,43,65,0
- RGB=177,169,151 CMYK=35,32,40,0
- RGB=0,0,0 CMYK=93,88,89,80

这是 Bronuts 咖啡与甜甜圈品牌视觉识别设计的实物立体展示效果。将甜甜圈直接以放大拍摄的方式展现在消费者眼前，可以让其看到每个甜甜圈的实际大小、口味以及一些装饰性的小零食。这样极大地增强了消费者对企业的信任感。

- RGB=196,157,119 CMYK=22,44,54,0
- RGB=149,92,33 CMYK=42,72,100,4

6.11 图文结合使信息传达最大化

随着社会发展的不断加速，受众的阅读习惯也由原来的大段文字阅读，转换为先看图然后再看其他辅助性的说明文字。所以在进行企业形象 CI 设计时，一定要做到图文结合。即将一些比较重要的信息尽可能通过图片呈现出来，再结合相应的文字，使受众在最短的时间内接收到最大的信息量。

设计理念：这是 Kindo 高档儿童服装品牌 VI 形象设计的产品包装礼盒展示效果。该设计最大的创意之处在于其运用大量不同颜色与大小的卡通几何图形，通过图形来传播信息，简单的摆放让人一看就知道是与儿童相关的品牌。

色彩点评：整体以白色为主色调，给人以简单、干净的视觉体验效果。同时也凸显出企业非常注重儿童服饰的安全与舒适程度。

❶ 各种颜色几何图形的装饰，既打破了白色的单调与沉闷感，同时也丰富了整个设计的细节效果。而且右上角粉色蝴蝶结的装饰，让品牌的童真与童趣又增添了几分。

❷ 黑色的品牌标志在包装盒中间位置十分醒目，对品牌具有很好的宣传与推广作用。

RGB=242,213,70 CMYK=6,19,82,0
RGB=76,47,92 CMYK=79,96,45,11
RGB=138,192,79 CMYK=61,0,90,0

这是 Brioche 面包品牌 VI 形象设计的标志展示效果。标志图案以牛角包为基础，然后再结合其他图形组合成公鸡形状，创意十足。而由其他与面包相关的简笔画构成的背景，将品牌的经营性质直接体现出来。

RGB=244,214,111 CMYK=3,20,65,0
RGB=74,25,14 CMYK=58,96,100,51

这是 JUKE 炸鸡快餐店品牌形象设计的图案效果。以两个鸡腿作为展示主图，给人以直接明了的视觉体验效果。而左侧规则摆放的标志文字，在给人以趣味性的同时又对品牌进行了宣传。

RGB=255,255,255 CMYK=0,0,0,0
RGB=42,53,39 CMYK=84,68,89,53

6.12 将品牌标志某个文字进行特殊处理

标志对于一个企业的发展来说至关重要，因为它是企业的门面，人们对企业的最初印象一般都来源于标志。因此在设计标志时，除了需要将与企业相关的必要信息展现出来之外，同时还要注意创意与简洁。比如 L、V 两个简简单单的字母，却是万千女性的追求对象。所以，将品牌标志的某个字母进行特殊处理，有时候可以获得意想不到的效果。

设计理念：这是 Litterbox 猫砂品牌 VI 设计的宣传画册展示效果。该品牌标志就是将标志字母 b 进行特殊设计。将简笔画的猫头型放进字母 b 的下方，而将其一竖以猫尾巴的形态呈现，创意十足，让人一看就知道该品牌与猫相关。

色彩点评：整个画册以明纯度不同的橘色为主色调，既让画册给人以明暗不同的视觉跳动感，同时也凸显出企业的温馨与柔和。

⚬ 字母 b 的下端进行放大处理，将用简单线条描绘的小猫图案和品牌标志清晰地显示出来，对品牌具有很好的宣传与推广作用。

⚬ 画册最下方橘色矩形条的添加，既让白色的说明性文字显示出来，同时也增加了细节设计感。

■ RGB=96,56,28 CMYK=55,82,100,35
■ RGB=238,226,203 CMYK=7,13,22,0
■ RGB=219,157,59 CMYK=9,47,85,0

这是 Jane K 年轻女装品牌形象设计的包装盒展示效果。将标志字母 K 以外加一个同色系的描边凸显出来，让整个标志极具创意的设计感。而且红色调的运用，既表明了品牌以女性为主要消费群体，同时又凸显企业的高雅精致与时尚。

■ RGB=179,120,112 CMYK=28,62,50,0
□ RGB=255,255,255 CMYK=0,0,0,0
■ RGB=74,66,60 CMYK=71,71,73,35

这是 Backers 烘焙店视觉形象设计的标志展示效果。将字母 B 设计成面包形状，而且在麦穗图案的装饰衬托下，将品牌的经营性质直接体现出来。字母 B 左上角和左下角的线条，营造了一种品牌文艺与高雅的视觉氛围。

■ RGB=124,78,24 CMYK=50,74,100,16
■ RGB=247,244,244 CMYK=3,5,4,0

6.13　把受众对品牌的需求与嗜好相结合

　　每一个企业都有特定的消费群体与消费对象，而且他们对品牌的需求与嗜好也不尽相同。所以在对企业形象 CI 进行设计时，一定要从受众的立场出发，站在受众的角度进行考虑。比如说，消费者在就餐时最看重的就是就餐环境以及食物是否干净卫生，此时，我们就可以使用能够营造这种视觉氛围的颜色来满足其需求。

　　设计理念：这是希腊 Meraki 油和醋品牌形象设计的实物立体包装展示效果。整个设计比较简单，将说明性文字直接在瓶身上显示出来，而且中间有小几何图形的间隔，起到阅读调节视觉的作用。

　　色彩点评：以白色和蓝色为主色调。

　　白色的包装底色，既让文字清楚地显示出来，同时也给人以干净的视觉体验。而蓝色调的运用，最大限度地给人营造了安全的视觉氛围。

　　🔵 瓶身包装不同蓝色几何图形的添加与摆放，既起到了分类说明的作用，同时也让包装有一定的视觉跳动感。

　　🔵 白色的标志文字在包装底部蓝色矩形条的映衬下，十分醒目。

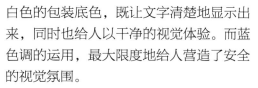

RGB=255,255,255　CMYK=0,0,0,0
RGB=42,64,140　CMYK=97,85,16,0
RGB=182,210,232　CMYK=38,9,7,0

　　这是墨西哥 The Food Field 有机食品店 VI 设计的蜂蜜包装展示效果。将蜂蜜盛放在透明的玻璃瓶中，这样消费者在购买时可以直接看到蜂蜜的颜色与形态。而且黑白纯色的标志与背景颜色的运用，将有机食品店的特性淋漓尽致地凸显出来。

RGB=220,199,62　CMYK=18,22,87,0
RGB=255,255,255　CMYK=0,0,0,0
RGB=0,0,0　CMYK=93,88,89,80

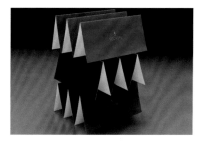

　　这是德国 Becken 地产公司 VI 设计的宣传折页展示效果。对于房地产来说，消费者更加注重地产开发商的诚信与责任。该折页采用深青色为主色调，凸显出企业成熟稳重的经营理念。而且金色的标志，又营造出一种高雅与大气的视觉氛围。

RGB=50,89,106　CMYK=92,63,52,9
RGB=124,60,38　CMYK=47,87,100,17

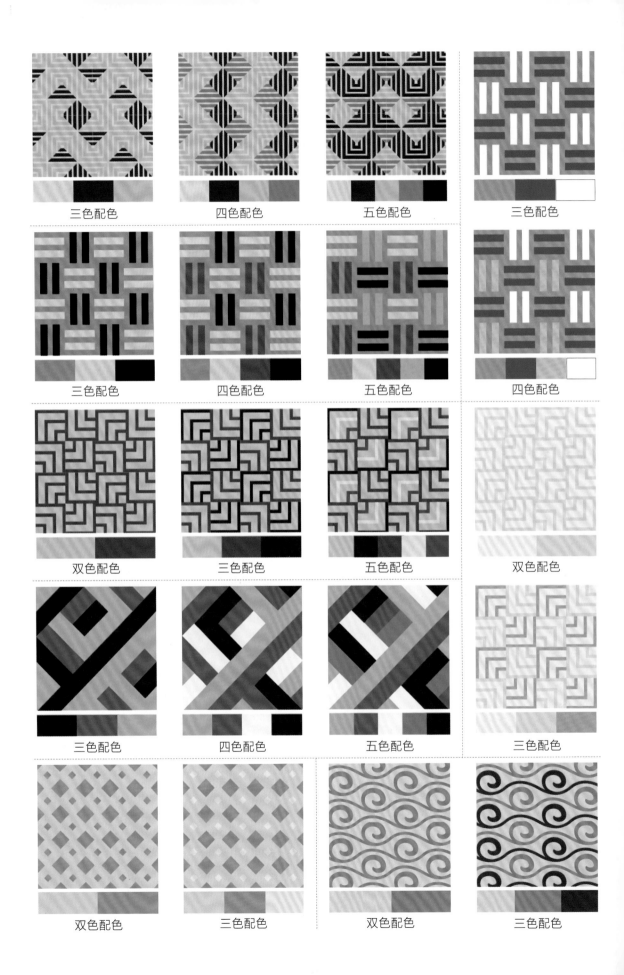

三色配色　四色配色　五色配色　三色配色

三色配色　四色配色　五色配色　四色配色

双色配色　三色配色　五色配色　双色配色

三色配色　四色配色　五色配色　三色配色

双色配色　三色配色　双色配色　三色配色